LARA ANNIBOLETTI

79 STORIE SU POMPEI

che non vi hanno ancora raccontato...

«L'ERMA» di BRETSCHNEIDER

Lara Anniboletti

79 STORIE SU POMPEI
che non vi hanno ancora raccontato...

«L'ERMA» di BRETSCHNEIDER

Direttopre editoriale
Roberto Marcucci

Redazione
Elena Montani
Maurizio Pinto
Dario Scianetti

Segreteria di redazione
Alessia Francescangeli

Progetto grafico, impaginazione, elaborazione immagini
Dario Scianetti

Copertina
Maurizio Pinto

Via Cassiodoro, 11 - 00193 Roma
www.lerma.it - lerma@lerma.it

Lara Anniboletti

79 storie su Pompei. Che non vi hanno mai raccontato ... / Lara Anniboletti
- Roma : «L'ERMA» di BRETSCHNEIDER, 128 p. : ill.; 24 cm. -

ISBN 978-88-913-0927-3 (brossura)
ISBN 978-88-913-0930-3 (pdf)

CDD 930.10240544

1. Pompei

"A Jacopo e a Greta"

Indice

Meta ambita del viaggiare moderno, il Golfo di Napoli e le sue antichità hanno rappresentato dal Settecento il luogo di elezione di quanti - artisti, intellettuali, eruditi - affascinati dal connubio straordinario di natura e storia, vi riconobbero la terra promessa dell'arte e ritrovarono la nostalgia di un paradiso perduto. Fino ad oggi Pompei, con la sua vicenda insediativa interrotta dall'eruzione del 79 d.C. e poi di nuovo con la sua "seconda vita" che si apre con l'inizio degli scavi nel 1748, non ha smesso di affascinare, incuriosire, attrarre e ispirare viaggiatori, artisti e i sempre più numerosi turisti (che quest'anno hanno sfiorato la cifra di 3.000.000).

Il testo di Lara Anniboletti si inserisce nel solco fertile di pubblicazioni dedicate a Pompei, destinate a raccontare Pompei e informare quanti, ispirati dalla testimonianza diretta di un modus vivendi di 2000 anni fa, qui così straordinariamente percepibile, giungono a Pompei per alimentare immaginazione e sentimento, oltre che l'intelletto. Un libro questo che si pone sulla scia di eccezionali "guide" sui generis come quella di Amedeo Maiuri "Pompei ed Ercolano tra case ed abitanti" scritta nel 1958 con il dichiarato intento che «in quelle case 'ancor calde di umanita' trovi il terreno preferito l'archeologo chinandosi a leggerne i mille segni nascosti, il letterato impegnato a ridare una scintilla di vita ad ambienti e personaggi...».

Dall'incontro tra conoscenza archeologica e creatività letteraria nascono queste 79 storie su Pompei, aneddoti e curiosità scaturite da 200 anni di attività di scavo, frammenti di vita di personaggi che l'immaginazione vivifica, restituendoli alla loro dimensione storica. Pompei riemerge dall'oblio dei secoli e sulle sue strade si incontrano il banchiere Cecilio Giocondo e l'astuta matrona Giulia Felice, accade che il barbiere Faventino rasi la barba di buon mattino e che un malcapitato alla bottega di Salvius sia vittima di truffa al gioco dei dadi, mentre i profumi della panetteria di Modesto riempiono di nuovo l'aria, così come le grida del banditore, il vocio dei mercanti nel Foro, il rumore degli zoccoli dei cavalli sulle strade.

La sapiente armonia che mescola la scienza e il divertimento in queste storie è capace di trasportare il lettore all'interno di una sfera comunicativa in cui l'intento didascalico è quasi impalpabile, seppure sotteso nell'intera narrazione. Un punto di partenza significativo per una quanto mai necessaria divulgazione archeologica, adeguata alle richieste di un pubblico sempre più numeroso ed esigente.

Massimo Osanna
Soprintendente di Pompei

1. Come era il Vesuvio prima dell'eruzione?

Il Vesuvio con la sua caratteristica forma alle spalle del Foro di Pompei è l'immagine più diffusa nelle copertine delle guide turistiche della città. Chiunque giunge a Pompei si sofferma almeno un attimo ad ammirarlo. Ma non tutti sanno che, agli occhi di un pompeiano che guardasse in direzione del Tempio di Giove, il Vesuvio non si presentava così, ma appariva più imponente e con la punta conica, insomma proprio un vulcano! Il profilo attuale del Vesuvio è infatti il risultato della terribile esplosione delle ore 13:00 del 24 agosto del 79 d.C., quando il "tappo di lava" che ostruiva la sommità del condotto vulcanico scoppiò, sospinto dalla forte pressione dei gas sottostanti. La violenta esplosione proiettò in aria una colonna di ceneri, gas e lapilli alta oltre 14 km che ricadendo al suolo, produsse una pioggia continua di materiale vulcanico. Pompei fu sepolta sotto una coltre spessa 7 metri! Proprio questa fu la causa della morte di coloro che erano rimasti in città nascosti dentro la propria abitazione, i quali morirono soffocati dall'esalazione di micidiali gas venefici, o colpiti dai numerosi crolli dovuti al peso delle pomici e alle frequenti scosse sismiche. Nei 44 ettari di superficie messi in luce dagli scavi sono stati rinvenuti i corpi di 1150 vittime, che sommati agli altri 258 trovati nel suburbio, ci restituiscono i numeri della tragedia: su una popolazione stimata di circa 10.000 abitanti, le perdite dovettero superare il 15% del totale!

2. Cosa successe dopo?

Sappiamo tutto ciò che successe durante l'eruzione del Vesuvio... ma dopo? Cosa accadde?

L'eruzione che distrusse Pompei e gli altri centri vesuviani colse tutti di sorpresa poiché gli antichi ignoravano la natura vulcanica di quel monte, famoso per i suoi rigogliosi vigneti. Un segno premonitore era stato il disastroso terremoto del 5 febbraio del 62 d.C., stimato intorno all'ottavo grado della Scala Richter, e uno sciame sismico con magnitudo compresa tra 3 e 5 aveva interessato il territorio nei decenni precedenti la catastrofe, ma nessuno aveva collegato tali eventi con la presenza del vulcano e l'imminente disastro. Subito dopo l'eruzione l'imperatore Tito tentò di organizzare i primi soccorsi per le zone colpite, inviando una commissione imperiale per valutare i danni e occuparsi del recupero di quanto possibile. Anche i privati cittadini, scavando cunicoli sotto la coltre dei lapilli e forando i muri delle case, cercarono di recuperare gli oggetti preziosi, i corpi dei loro cari e quanto degli arredi domestici poteva essere utile. Tale attività si interruppe già l'anno seguente, quando l'imperatore in visita nelle località, ritenne vano ogni tentativo per ridare vita alle città irrimediabilmente sepolte. Di Pompei restò un vago riferimento nella cartografia romana riprodotta fino al Medio Evo, poi perfino il nome fu dimenticato, mentre la località su cui era sorta la città e da dove di tanto in tanto circolavano notizie di casuali rinvenimenti, era conosciuta come "altura della Civita".

3. Uno strano caso di cronaca nell'antichità

Vi siete mai chiesti perché oggi, a distanza di 2000 anni, siamo in grado di ricostruire con una precisione

giornalistica la cronaca dell'eruzione di Pompei? Eppure all'epoca non esistevano certo i quotidiani di cronaca nera o i telegiornali nazionali. Quella del 79 d.C. è senza dubbio la più nota eruzione vulcanica della storia perché ci è giunto il resoconto dell'esperienza diretta di un giovane patrizio dell'epoca, Plinio il Giovane. Dopo 25 anni dall'accaduto, Plinio indirizza 2 lettere al famoso storico Tacito in cui rievoca la catastrofe e racconta della morte dello zio, il celebre naturalista Plinio il Vecchio, da cui deriva la stessa denominazione di "eruzione pliniana" con cui oggi si indica il tipo di attività vulcanica esplosiva simile a quella vesuviana. Proprio per recarsi ad osservare lo strano fenomeno in atto e prestare soccorso alla popolazione colpita, Plinio il Vecchio si era imbarcato alla volta di Pompei da Capo Miseno, presso Pozzuoli, in cui risiedeva in qualità di comandante della flotta imperiale di Roma. Vista l'impossibilità di sbarcare nella città, Plinio si era rifugiato nella villa dell'amico Pomponiano presso Stabia, dove aveva trascorso la notte. L'indomani il gruppo, riparandosi il capo dalla caduta di pomici con dei cuscini, tentò la fuga, ma Plinio, intossicato dai gas, venne colpito da un malore e fu abbandonato dai compagni. Il suo corpo sarà ritrovato solo 3 giorni più tardi.

"Era a Miseno [Plinio il Vecchio] e, presente, governava la flotta. Il 24 agosto era trascorsa appena un'ora dopo mezzogiorno e mia madre gli mostra una nuvola che allora appariva, mai vista prima per grandezza e figura. [...] La nube si levava, non sapevamo con certezza da quale monte, poiché guardavamo da lontano; solo più tardi si ebbe la cognizione che il monte fu il Vesuvio. La sua forma era simile ad un pino più che a qualsiasi altro albero. Come da un tronco enorme la nube svettò nel cielo alto e si dilatava e quasi metteva rami. Credo, perché prima un vigoroso soffio d'aria, intatto, la spinse in su, poi, sminuito, l'abbandonò a se stessa o, anche perché il suo peso la vinse, la nube si estenuava in un ampio ombrello: a tratti riluceva d'immacolato biancore, a tratti appariva sporca, screziata di macchie secondo il prevalere della cenere o della terra che aveva sollevato con sé".

PLINIO IL GIOVANE PRIMA LETTERA

4. Domenico Fontana e la mancata scoperta di Pompei

La storia del grande architetto Domenico Fontana a Pompei è di quelle davvero bizzarre.

Siamo negli anni tra il 1594 e il 1600 e l'architetto, già famoso per le grandiose opere a Roma come l'innalzamento dell'enorme obelisco egizio a Piazza San Pietro, accetta il ben più umile lavoro di sistemazione della rete idrica a Napoli, a servizio del viceré spagnolo. Fa parte del progetto la costruzione di un canale di bonifica nella valle del Sarno, nei pressi di quella che, prima del secolare oblio, era stata la città di Pompei. Durante i lavori l'architetto Fontana si imbatte in alcuni edifici in muratura, vede spuntare sotto tonnellate di terra i frammenti di un mosaico e le immagini di forme umane affrescate nelle pareti. L'architetto, però, dopo aver assistito allo spettacolo di quelle raffinate testimonianze di un antico passato, da ordine di ricoprirle. Non sappiamo se Fontana abbia sospettato o meno della presenza della città che si estendeva intatta sotto i suoi piedi o se fosse semplicemente un uomo pragmatico, preoccupato di rispettare i tempi fissati per la consegna del lavoro. Fatto sta che quelle rovine, la prima prova della grande civiltà di Pompei, sarebbero rimaste nascoste ancora per altri 150 anni. Ah... Se volete vederlo, un tratto del canale scavato da Domenico Fontana sbarra ancora oggi la strada ai turisti lungo via di Nocera, a circa 500 metri dell'omonima porta.

5. Strane coincidenze a Pompei: il 24 agosto

per una serie di strane coincidenze il 24 agosto è una data veramente infausta per Pompei!

Il 24 agosto 79 d.C. è infatti il giorno della terribile eruzione, come attestato in una lettera di Plinio il Giovane che riporta come data "*ante diem nonum kalendas septembres*", cioè nove giorni prima delle calende di settembre (il primo del mese), che corrisponde appunto al 24 agosto. Per ironia della sorte appena il giorno precedente, il 23 agosto, i Pompeiani avevano celebrato i *Vulcanalia*, una festa per placare il dio Vulcano, che consisteva nel gettare in un grande fuoco comune piccoli pesci, in una simbolica sostituzione della propria vita. Il 24 agosto del 1943 è anche il giorno in cui un violento bombardamento aereo anglo-americano si abbatté su Pompei adducendo come pretesto la presenza di un'inesistente divisione corazzata tedesca, trincerata all'interno dell'area archeologica. I bombardamenti produssero danni ingenti a molti edifici, soprattutto nel settore sud-occidentale della città, dove colpirono parte del Foro, la zona di Porta Marina e anche il museo pompeiano (l'*Antiquarium*) che fu centrato da una potente granata subendo gravi danneggiamenti. Una bomba colpì la stessa casa del Soprintendente Amedeo Maiuri , che lavorò personalmente 5 ore tra le macerie per recuperare appunti, taccuini e libri!!!

6. Il terremoto del 62 d.C.: una "foto" dell'epoca

Ovviamente all'epoca del disastroso terremoto del 62 d.C. che 17 anni prima della catastrofe finale

aveva quasi completamente raso al suolo Pompei, non c'erano le macchine fotografiche a documentare i danni agli edifici e alle strutture della città. L'episodio è riportato dalle fonti antiche solo perché avvenuto proprio mentre l'imperatore Nerone era impegnato a cantare in un teatro di Napoli. Tuttavia esiste un fregio in marmo che, come una fotografia, documenta con fedeltà lo stato dei monumenti pubblici di Pompei dopo il sisma. Nel rilievo, che decorava il piccolo santuario delle divinità domestiche della casa di Cecilio Giocondo, è raffigurato da sinistra a destra, il Foro di Pompei con l'arco onorario e il tempio di Giove, crollati per effetto del terremoto. A lato della scalinata del tempio principale della città, si vedono due grandi statue di divinità a cavallo sbalzate dal loro basamento. Sulla destra del rilievo alcuni Pompeiani raccolti attorno ad un altare, compiono un sacrificio di espiazione alla divinità della terra (*Tellus*) per placarla dopo il sisma. Un altro fregio simile a questo raffigurava presso il *Castellum Aquae*, grosso serbatoio d'acqua posto sul punto più alto della città, Porta Vesuvio con i due battenti aperti, un carro trainato da un cavallo rovesciato dalla furia del sisma e un tratto della contigua cortina muraria in fase di crollo. Ma perché Cecilio Giocondo volle ricordare quel luttuoso evento proprio nel santuario dei Lari domestici? Forse perché, dopo avere assistito di persona a quei crolli ed essere miracolosamente scampato alla catastrofe, volle offrire un *ex voto* ai propri numi tutelari per la grazia ricevuta?

7. Chi sono le vittime dell'eruzione che distrusse Pompei?

La domanda interroga da sempre i visitatori degli scavi, spinti dalla curiosità di scorgere le espressioni dei volti,

le pieghe dei vestiti, le posizioni contorte in cui i Pompeiani furono sorpresi dalla furia del Vesuvio. E' una tragedia che affascina e umanizza quella dei calchi dei corpi di uomini, donne e bambini morti quasi 2000 anni fa. L'intero nucleo familiare sepolto dal crollo del sottoscala della Casa del Bracciale d'oro; il padrone e lo schiavo sulla porta della Villa di Diomede che tentavano la fuga verso il mare con il tesoro di casa, il *paterfamilias* e le figlie nel Vicolo degli Scheletri con i beni più preziosi della famiglia, qualche gioiello e le chiavi di casa; il Pompeiano che, attardatosi a saccheggiare quanto abbandonato, trovò la morte all'alba del 25 agosto nella sala vendite di una *Caupona*; il cane che non poté strappare la catena che lo teneva legato alla *domus* di Vesonio Primo. Questi calchi, poco più di un centinaio, furono eseguiti per la prima volta nel 1863 dall'allora direttore degli scavi Giuseppe Fiorelli, il quale, accortosi che nel banco di cenere vi era una cavità lasciata dal progressivo decomporsi del corpo, la fece riempire con gesso liquido, restituendo la forma ai vuoti. Il metodo Fiorelli permette di restituire anche sagome di porte (ne potete vedere una all'ingresso della casa di Loreio Tiburtino), di armadi (andate alla casa di Giulio Polibio) e, se applicato nel terreno, di radici di piante (come i calchi dei platani nella Palestra Grande). Oggi tale tecnica, integrata con la fusione a cera della statuaria in bronzo, permette di realizzare un calco costituito da un materiale trasparente detto fiberglass, in grado di restituirci anche eventuali oggetti aderenti al corpo. Nel calco in resina della fanciulla di Oplontis, rinvenuta in un ambiente della villa insieme ad altri 33 scheletri, quasi tutti di donne e bambini, è possibile notare perfino il bracciale che la fanciulla portava al braccio tentando di sfuggire alla catastrofe.

8. Gossip amorosi sui muri di Pompei

L'intera città è piena di iscrizioni: la propaganda elettorale, il conto frettoloso di un oste, il messaggio d'amore

di un innamorato, il tifo per un gladiatore sono graffiti sui muri lungo le strade di Pompei. E' una città che ha un che di magico e di misterioso proprio per il suo essere viva, mostrandosi a noi come è morta, fermata improvvisamente in un attimo qualsiasi della sua giornata. Ed è proprio sulle strade che ora si intessono, ora si concludono amori. Così accade che un marito tradito vada in cerca di testimoni per cogliere la moglie in flagrante adulterio e si soffermi lungo la via lasciando scritto il suo avvertimento: "*li abbiamo in pugno! Romula è qui con quel farabutto*!". Militari e gladiatori hanno graffito sul muro parole grossolane di ammirazione per prodezze amorose: "*Floronio, soldato della legione VII, è stato qui; poche donne seppero di lui e tutte gli si sono date*"; "*Crescente, il reziario, delle fanciulle notturne, mattutine e delle altre medico...*" Un innamorato ha scritto un messaggio all'amata, donandole una frase poetica: "*Stia in salute colui che ama, perisca chi non sa amare, due volte perisca chi intralcia il corso naturale dell'amore*". Due anime gentili segnano il luogo del loro incontro: "*Qui si sono incontrati Romula e Staphilus*", ma più oltre un'arguta risposta motteggia: "*Qui Staphylus si è incontrato con Quieta*". "*Candida mi ha insegnato ad odiare le brune*", scrive un'amante ferito, ed un'altra mano aggiunge spiritosamente: "*Le odi, ma ci ritorni volentieri*!". Città viva Pompei, e i suoi abitanti avidi di quella vita di cui i muri sono talmente pieni, che qualcuno esasperato ha scritto a margine di un graffito: "*mi pare incredibile, o muro, che tu non sia ancora crollato sotto il peso di tante sciocchezze*".

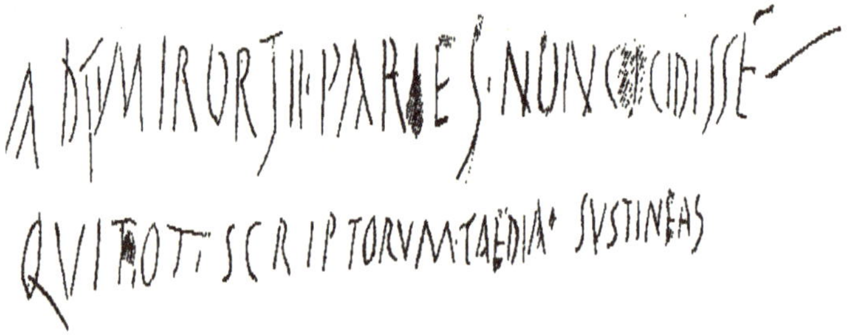

C.I.L. IV 2487
ADMIROR TE PARIES NON CECIDISSE
QVI TOT SCRIPTORVM TAEDIA SVSTINEAS

9. All'Anfiteatro di Pompei: combattimenti tra uomini e belve?

A vederlo l'Anfiteatro di Pompei, uno dei più antichi costruiti, evoca le scene sanguinarie

che siamo abituati a vedere in tutti i film ambientati nell'antica Roma: le cacce (*veniationes*) in cui uomini armati affrontano tigri, pantere, leoni, orsi, tori. Sembra di scorgerli lì negli spalti della cavea i circa 20.000 spettatori dell'Anfiteatro pompeiano assetati di sangue, che incitano i propri beniamini. Nell'*ima cavea* (la parte più bassa), dove si gode della migliore vista, i magistrati nelle loro toghe bianche; il popolo variopinto e disordinato nella *media cavea*; nella *summa cavea*, a circa 5 metri di altezza dall'arena, le donne. La realtà è assai più complessa e sfaccettata e l'uso costante di uomini dati in pasto alle belve presente nel nostro immaginario, è sicuramente da ridimensionare. Tutto lascia credere che nell'Anfiteatro di Pompei non vennero mai belve feroci, i combattimenti prevalenti erano quelli tra i gladiatori, uomo contro uomo. Le iscrizioni dipinte sui muri annunciano i giochi, ma nessuna fa menzione di quegli animali, né l'Anfiteatro sembra dotato degli accorgimenti tecnici indispensabili per l'esibizione di grossi felini. Il parapetto di protezione che separa l'arena dalle gradinate dipinto con scene di lotta tra i gladiatori è alto solo m. 2,18, troppo pochi per potere contenere lo slancio delle belve! E, contrariamente ad altre simili costruzione dell'epoca, l'arena non presenta un'area sotterranea attrezzata a gabbie. E'dunque probabile che nelle *venationes* pompeiane fossero esibiti solo animali della fauna locale, che non erano in grado di spiccare salti e dar luogo a spiacevoli 'fuori programma'. Consideriamo anche che il reclutamento delle bestie feroci era molto costoso, poiché includeva un viaggio in Africa, la loro cattura, il loro trasporto su navi apposite e il loro arrivo a destinazione e tutto ciò era possibile a Roma, ma non in ogni piccola città dell'impero!

10. Pompei in campagna elettorale

"Prego che voi nominiate come edile C. Giulio Polibio. Egli porta pane buono". "I fruttivendoli chiedono come edile M. Ennio Sabino". "C. Giulio Polibio edile per la cura delle strade, degli edifici sacri e pubblici. Lanternaio, reggi la scala!". Questi proclami nell'imminenza del voto erano dipinti da appositi imbianchini *dealbatores* in colore nero o rosso sulla parete degli edifici lungo le vie più trafficate di Pompei, esattamente come oggi i manifesti tappezzano le città durante la campagna elettorale. Quando si metteva in moto la macchina elettorale la città doveva sembrare un alveare, con gli oratori che tenevano i loro comizi in piazza e tutti che discutevano nelle strade, nei termopoli, alle terme di programmi e promesse!! Gli avvisi erano fatti scrivere da privati cittadini, da associazioni di quartiere o corporazioni di mestiere che si davano da fare per presentare i loro candidati. Spesso di notte e da persone non esattamente colte, come dimostra l'imprecazione menzionata sopra e trascritta al termine del programma per Giulio Polibio, riferita ad un lanternaio poco prudente! "*Suvvia vicini datevi da fare*!" Dice una scritta incitando la circoscrizione elettorale

di un quartiere. La formula era generalmente abbreviata con 3 iniziali "O.V.F. *Oro Vos Faciatis, vi prego di votare*" e il nome del candidato consigliato. Dei candidati si dice tutto il bene possibile: uomo buono e degno, probo, onesto, virtuoso, eccellente, generoso, che non avrebbe mai speso soldi pubblici. Per un fornaio si dice: "*Farà il pane buono*", una scritta interessata suggerisce "*Fai eleggere chi ti ha fatto eleggere*", un'altra "*Invidioso che cancelli, che tu ti possa ammalare*". Una che ci sembra molto eloquente: "*quante bugie per un'ambizione*". La mancanza di un programma elettorale dimostra come la qualità più apprezzata dalla collettività fosse l'autorità stessa dell'individuo. Fruttivendoli, orefici, tintori manifestavano il loro desiderio di avere come magistrati coloro che promettevano il benessere per la città o per la loro classe sociale. Pur essendo Pompei una colonia di Roma, era dotata di una larga autonomia amministrativa e il popolo poteva eleggere ogni anno i duoviri, la più alta autorità della colonia dotata del potere esecutivo e in parte di quello giudiziario, e i due edili, responsabili dei mercati, delle feste, degli spettacoli e dell'ordine pubblico. Finite le votazioni cominciavano le feste di ringraziamento nelle case, nelle strade, nei teatri e qualcuno scriveva sui muri la propria soddisfazione: "*I Pompeiani tutti compatti hanno eletto Paquio Proculo come duoviro: egli è veramente degno dell'amministrazione cittadina*". E il fornaio Proculo doveva essere una gran brava persona se sul suo conto nessuno dei Pompeiani, che non avevano certo peli sulla lingua, ebbe mai da ridire!!!

11. Scontri tra ultras Pompeiani e Nucerini

"In quell'epoca si ebbe un fiero massacro tra Nocerini e Pompeiani, originato da una futile causa in occasione dei ludi gladiatori *banditi da quel Livinieio Regolo, che ho già ricordato espulso dal Senato. Dapprima si scambiarono ingiurie con l'insolenza propria dei provinciali, poi passarono alle sassate, alla fine ricorsero alle armi, prevalendo i cittadini di Pompei, presso i quali si dava lo spettacolo. Furono, perciò, riportati a casa molti di quella di Nocera, col corpo mutilo per ferite, ed in quella città parecchi cittadini piansero la morte dei figli e dei genitori*".

E' questa la terribile cronaca fatta da uno storico dell'epoca, Tacito, di un clamoroso episodio di violenza scoppiato nel 69 d.C. nell'Anfiteatro di Pompei durante uno spettacolo di gladiatori tra la tifoseria di Pompei e quella ospite della vicina *Nuceria Alfaterna*. Sugli spalti del grande edificio scoppiò una zuffa tremenda in cui i Nucerini ebbero la peggio, furono letteralmente massacrati e i superstiti cacciati a furor di popolo. L'imperatore Nerone portò la vicenda in Senato e venne deliberata la chiusura dell'Anfiteatro pompeiano per 10 anni, mentre il senatore Livineio Regolo, organizzatore dei giochi, e gli altri incitatori della rissa vennero esiliati. Il reportage è di preoccupante attualità perché ci dà un'idea di come i tempi e le mode possano cambiare di poco, perché là dove c'è un evento, lì si

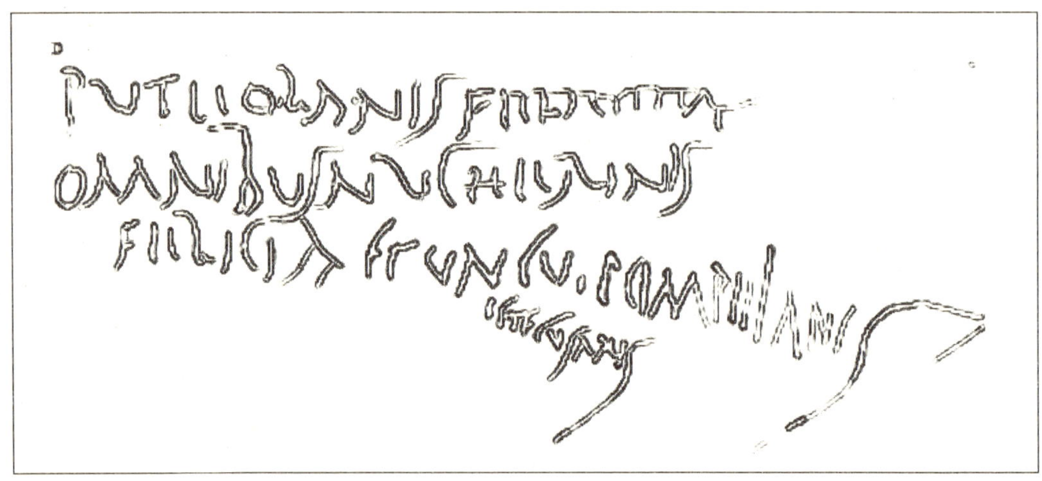

addensano, oggi come allora, i bagarini, gli ambulanti, il tifo degli ultras, con i suoi schiamazzi e i suoi slogan, e purtroppo anche i suoi sfoghi incivili da libidine sportiva, che tanto sportiva non è. Il terribile fatto di sangue colpì l'opinione pubblica, come dimostrano sia un affresco proveniente da una casa di Pompei che raffigura proprio quello scontro, sia un graffito, rinvenuto all'interno della Casa dei Dioscuri, che fa riferimento all'accaduto: "O *Campani, siete morti insieme ai Nocerini in quella vittoria*!" L'interdizione dello stadio venne comunque successivamente abbassata a soli 2 anni, probabilmente grazie alle preghiere dell'amata Poppea, moglie di Nerone, che pare possedesse una villa dalle parti di Pompei.

12. Un banchiere a Pompei: Lucio Cecilio Giocondo

Anche a Pompei esisteva quello che noi oggi chiameremmo il "banchiere", cioè colui che fungeva

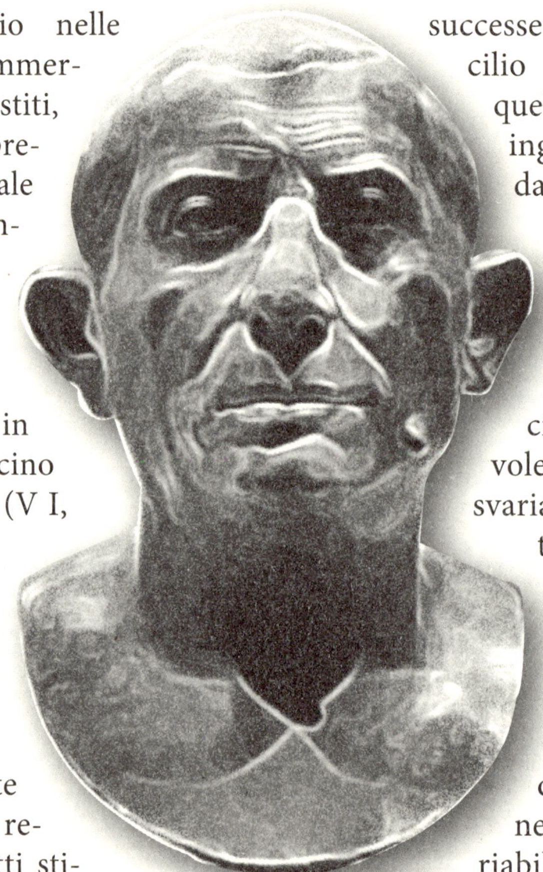

da intermediario nelle transazioni commerciali e nei prestiti, che faceva il prestasoldi e il sensale nelle compravendite. Di uno ne conosciamo il nome: Lucio Cecilio Giocondo, che abitava in una bella casa vicino a Porta Vesuvio (V I, 23). Al primo piano dell'abitazione vennero scoperte infatti grandi casse contenenti delle tavolette sulle quali erano registrati i contratti stipulati con numerose persone residenti nella città. Le 154 tavolette che costituiscono l'archivio privato del banchiere, dette "cerate" per il loro rivestimento di cera che serviva a tracciare il testo a graffio tramite un apposito strumento a punta, sono state redatte tra il 52 e il 62 d.C., anno del terremoto che scosse Pompei. Non sappiamo cosa successe all'ufficio di Cecilio Giocondo dopo quella data, forse gli ingenti danni causati dal sisma lo spinsero ad una nuova occupazione? O addirittura preferì trasferirsi lontano dal centro cittadino? Nelle tavolette sono registrati svariati tipi di contratti, molti relativi a prestiti, altri ad affitti o depositi, altri ancora ad intermediazioni finanziarie, per le quali la provvigione trattenuta è variabile dall'1 al 4%. Cecilio Giocondo organizzava aste in cui erano venduti i prodotti della terra o dell'industria, rendendosi garante del pagamento e anticipando spesso i soldi al venditore. In tale modo il banchiere diveniva creditore dell'acquirente stesso, come accade nel contratto stipulato con *Umbricia Ianuaria*, per conto della quale egli vende beni (non meglio specificati) pari ad una somma di 11.039 Sesterzi (corrispondenti a circa 20.000 Euro!) Ecco il rapporto di prezzo di alcuni beni di uso comune nell'epoca: 6,5 kg. di frumento 3 sesterzi; poco più di ¼ l di olio 1 sesterzio; 1 misura di vino comune 1 asse; 1 misura di vino falerno 1 sesterzio. Per un mulo servivano 520 sesterzi, per una coppa in argento 360, per una tunica 15 mentre per lavarla ne servivano solo 4, il prezzo di uno schiavo era tra i 10.000 e i 15.000 sesterzi.

11.039 sesterzi, la quale somma viene data in disponibilità di L. Cecilio Giocondo in seguito all'asta (dei beni) di Umbricia Ianuaria. Tolti i diritti (di Giocondo), la somma le è stata versata, d'accordo Umbricia Ianuaria, da L. Cecilio Giocondo. Sottoscritto a Pompei, il 12 di dicembre.

Tavoletta 25, contratto con Umbricia Ianuaria dall'archivio di Cecilio Giocondo

13. Un astuto imprenditore: il profumiere di Pompei

Rose, gigli, viole, foglie di basilico e di mirto, resine, radici, semi aromatici mescolati all'olio extravergine

ottenuto dalla spremitura di olive verdi erano gli ingredienti base dei profumi di 2000 anni fa fabbricati nella bottega del profumiere a Pompei. Questo astuto personaggio aveva aguzzato l'ingegno e allestito il grande giardino della propria casa (circa 4000 m^2) per la coltura di olivi e viti, ma anche di fiori, erbe e essenze per la fabbricazione di profumi. In un enorme catino pieno di olio depurato da elementi grassi erano lasciati macerare fiori e foglie, cui talvolta potevano essere aggiunte costose spezie orientali quali l'aneto. Attraverso varie fasi di depurazione e con l'aggiunta finale dell'alcol che purifica le essenze, il profumo è pronto! I profumi sono conservati in piccoli vasetti di vetro o terracotta (unguentari) o in preziosi contenitori di alabastro (alabastra), trovati un pò ovunque nella casa! L'imprenditore aveva cavalcato l'onda del successo e, considerando che i profumi, gli unguenti profumati e le creme erano molto ricercati tanto dalle matrone dell'epoca, quanto dagli uomini, i redditi dei profumieri erano davvero alti. Sulla soglia di casa un mosaico di tessere bianche ammoniva qualche cliente: "*cras credo*" cioè "*domani farò credito*". Nel triclinio, la grande sala da pranzo, all'aperto, vicino ai canali per l'irrigazione e al semenzaio per la messa in dimora delle piantine, in un'atmosfera di sensualità, il profumiere riuniva a banchetto gli amici per festeggiare qualche buon affare e offrire ad Ercole, la cui statua è posta presso l'altare domestico collocato in un lato del giardino, la decima dei guadagni, secondo l'usanza romana. Si può visitare questa casa (detta anche del giardino di Ercole II 8, 6) che si trova lungo la via di Nocera, e vale la pena vedere le fioriture stagionali!

14. Tutti a pranzo al termopolio *di Lucius Vetutius Placidus!*

Eh si, come oggi anche a Pompei era molto diffusa l'abitudine di consumare il *prandium* (la colazione di mezzogiorno) fuori casa, magari uno spuntino veloce per poi tornare alle proprie occupazioni o per fare quattro chiacchiere con l'amico di sempre. Questi "snack-bar" di 2000 anni fa chiamati *thermopolia* erano assai diffusi nella città (se ne contano 89) e, come quello di *Lucius Vetutius Placidus* aperto lungo Via dell'Abbondanza, dovevano essere davvero pieni all'ora di punta... Sul grande bancone di mescita dalla caratteristica forma a L sono ancora incassati i *dolia* (recipienti di terracotta) che contenevano le bevande e i cibi caldi da consumare al momento. Sul bancone, rivestito di *opus sectile* (variopinti segmenti marmorei che compongono forme geometriche), è spesso presente anche una caldaia per riscaldare i piatti pronti. *Lucius Vetutius Placidus*, il proprietario della bottega e della casa attigua, ha lasciato perfino l'incasso di quell'infausto giorno del 79 d.C., con la speranza di poterlo recuperare in un secondo momento. Il contenuto della cassa è costituito da monete di piccolo taglio: 374 assi e 1.237 quadranti, per un valore complessivo di circa 170 sesterzi. Sulla parete, a destra del bancone, un larario (edicola sacra) con la raffigurazione dei Lari e del Genio del padrone è posto a propiziare la buona sorte della casa, mentre la tutela del «negozio» è affidata alle divinità protettrici del commercio e del vino, Mercurio e Dioniso, dipinte ai due lati dell'edicola. Ma il termopolio di *Lucius Vetutius Placidus* non è solo take-away, essendo dotato di una o più stanze retrostanti dove poter appartarsi per mangiare comodamente sdraiati sui triclini. E nella bella stagione, che sotto il Vesuvio dura almeno 7 mesi, il pasto si può prendere in un giardino interno, dotato di un triclinio all'aperto, un tempo ombreggiato da pergole di vite con aiuole coltivate con piante aromatiche.

15. L'amor profano a Pompei…

"*Hich abitat felicitas*" qui abita la felicità, recita l'insegna che accompagna la raffigurazione di un fallo presso l'ingresso di un edificio di Pompei. La città, posta sotto la protezione della dea Venere, era in effetti una città felice, dedita all'amore in tutte le sue sfaccettature, anche quello comprato! Ecco perché a Pompei non poteva mancare certo il bordello, il lupanare, da "lupa" che in latino significa prostituta. È un piccolo edificio a 2 piani, non lontano dalle affollate Terme Stabiane. Qui è stata ritrovata una portata di pasta e fagioli mai consumata, forse di un cliente affrettatosi a scappare viste le brutte! Al piano terra 5 anguste stanzette (*cellae meretriciae*), chiuse da porte in legno, sono quasi totalmente occupate da letti in muratura (in cui ci auguriamo fossero sistemati dei materassi!). Quello che da sempre attira gli sguardi curiosi dei turisti sono i dipinti posti all'esterno di ciascuna cella, che raffigurano coppie in diverse posizioni erotiche!

Caso non isolato a Pompei, anche nelle Terme Suburbane, in molte botteghe o nelle stanze da letto di molte case sono dipinti quadretti erotici, perché la sessualità nella società romana, libera dal dubbio del peccato, era parte integrante della dimensione terrena dell'uomo. La costruzione del Lupanare risale agli ultimi periodi della città, come prova l'impronta di una moneta del 72 d.C. conservata nell'intonaco fresco di una cella. Ma questo non significa che in precedenza non vi fosse un luogo simile: nelle taverne e osterie l'attività sessuale poteva essere svolta in maniera sporadica o marginale, nelle terme, oppure anche in stanze singole con porta direttamente sulla strada. Da un graffito sul muro di Pompei sappiamo ad esempio che presso la casa dei *Vettii* esercitava la sua professione Eutichide che si diceva greca e di garbate maniere. Il prezzo delle prostitute, generalmente greche ed orientali, era economico e andava dai 2 agli 8 assi (un boccale di buon vino ne costava uno), ma ve ne erano anche di più economiche: "*sum tua aere*", "*sono tua per una monetina*" ha scritto un'anonima prostituta vicino all'ingresso della propria casa.

16. E dopo il lavoro… corro alle terme!

Come oggi si va in palestra, i Pompeiani, dopo una giornata di intenso lavoro, si svagavano recandosi

agli stabilimenti termali. Alle terme pubbliche, oltre che per prendersi cura del corpo, si va per incontrare amici, conversare, trattare affari commerciali o politici. A Pompei non c'è che l'imbarazzo della scelta: 3 edifici termali si trovano presso l'incrocio dei più importanti assi viari: le Terme Stabiane, le più antiche; le Terme del Foro costruite verso l'"80 a.C., e le nuovissime Terme Centrali, iniziate dopo il terremoto del 62 d.C. e ancora in costruzione al momento dell'eruzione. Dopo aver lasciato gli abiti nello spogliatoio (*Apoditerium*), i Pompeiani, con asciugamani di lino o di lana, possono fare una nuotata nella piscina scoperta (*Natatio*), oppure svolgere attività ginniche nella palestra all'aperto o giochi: il cerchio per gli adulti, la palla per i più giovani. Poi il momento dei bagni,

secondo una sequenza che prevede diversi gradi di calore. Nella sala dei bagni caldi, il *Calidarium*, la temperatura raggiunge anche i 60 gradi, ma l'acqua fredda posta nella vasca (*labrum*) permette di rinfrescare il corpo. Del *labrum* delle Terme del Foro, donato dai duoviri della città, sappiamo anche il costo: 5240 sesterzi! Dopo una sosta nello spazio temperato del *Tepidarium*, ci si tempra nelle vasche fredde del *Frigidarium*. Le moderne Terme Centrali sono dotate anche del *laconicum*, una sorta di sauna con aria secca ad altissima temperatura, ottenuta grazie al flusso di aria calda immesso sotto al pavimento rialzato e nelle intercapedini delle pareti. Dopo il bagno si fanno massaggi per attivare la circolazione o per pulire meglio la pelle con unguenti profumati. Alle terme vanno sia uomini che donne, in sezioni separate; l'entrata è in genere dopo le 13.30 e le terme rimangono aperte fino alla sera, come mostrano le numerose lucerne rinvenute per illuminare gli ambienti. All'ingresso si paga una modesta tassa e i ragazzi entrano gratis, anche se poi vi sono diversi prezzi per i vari servizi: custodia dei vestiti, massaggi, fornitura di oli profumati……Niente di più vero del motto scritto su un muro di Pompei: " *I bagni, il vino, l'amore indeboliscono i nostri corpi, ma sono la sostanza della vita*".

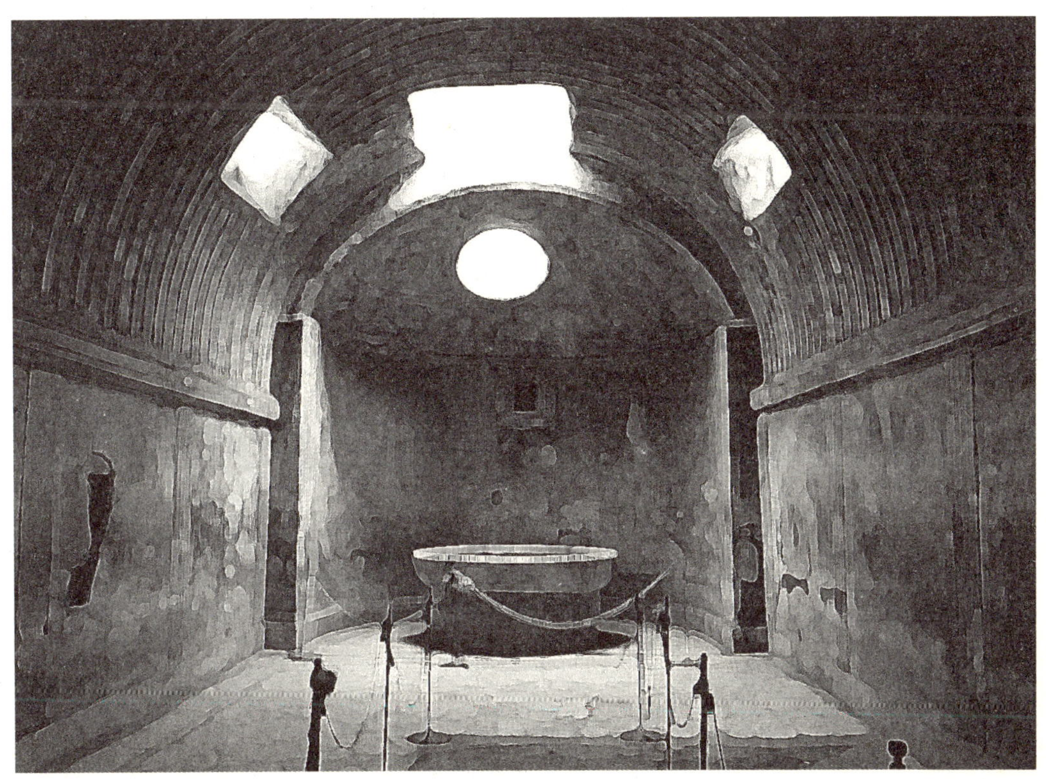

17. Gladiatori a Pompei: *morituri te salutant*?

Scritte rosse dipinte sui muri di Pompei, antenate dei cartelloni moderni, annunciano i giochi.

I gladiatori sfilano nell'arena rivestiti delle loro armi più belle lucidate a specchio, mentre il pubblico, in piedi, eccitato urla i nomi dei loro beniamini. Si dispongono in fila di fronte al palco dell'organizzatore e due alla volta lo salutano con la tradizionale formula rituale "*morituri te salutant*", ovvero "*quelli che stanno per morire ti salutano*". Si tirano a sorte le coppie di combattenti e un arbitro controlla, come sui ring moderni, che le armi siano in regola, poi al centro dell'arena traccia un cerchio, lo spazio in cui si combatterà. Un cenno e il combattimento inizia, con abili mosse da entrambe le parti, l'orchestra percuote gli strumenti, il pubblico grida forsennatamente: il frastuono è tremendo! Un gladiatore cade ferito e incapace di difendersi: il pubblico incita "*iugula*" (*sgozzalo*) oppure "*mitte*" (*lascialo*). Se il verdetto è sfavorevole allo sconfitto il vincitore sferra all'avversario il tradizionale colpo al collo, dopodiché riceve una fronda di palma con cui fa il giro dell'arena, incitato dall'ovazione generale del pubblico. A dispetto di questa, che è la scena che siamo abituati a vedere in tante rappresentazioni cinematografiche, gli annunci degli spettacoli dipinti lungo le vie di Pompei (*edicta munerum*) e i graffiti tracciati dagli stessi gladiatori o dai loro *fans*, forniscono però un diverso scenario circa

l'esito dei giochi gladiatori. Accanto ad ogni gladiatore è segnato il nome, il numero totale dei combattimenti sostenuti nella sua carriera e una sigla, che si riferisce all'esito dell'ultimo combattimento, quello al quale evidentemente colui che ha eseguito il graffito, era presente. La lettera '*V*' indica che il gladiatore ha vinto (*VICIT*); '*M*' sta per *MISSUS*, il gladiatore ha perso il combattimento, ma è stato graziato; la lettera '*P*' sta per *PERIT* il gladiatore è morto. Su un totale di 32 combattimenti i morti sono stati solo 5: l'interesse evidentemente era di non far morire un gladiatore professionista il cui allenamento costava tempo e danaro. In quasi tutti i combattimenti il vinto viene graziato. Anche il numero dei combattimenti che ogni singolo gladiatore ha sostenuto ne dà conferma: talvolta supera le 70 pugne!

18. Pink Floyd: *Live at Pompeii*

Pompei fa da scenario a storie appositamente ambientate fra i monumenti e le case della città e di Pompei

innumerevoli sono le rievocazioni proposte in allestimenti teatrali, circensi e cinematografici. Ma che anche i mitici Pink Floyd scelsero Pompei per girare un video forse non tutti lo sanno! Correva l'anno 1972 e la già famosa band dei Pink Floyd eseguì un concerto nell'Anfiteatro di Pompei in assenza del pubblico, con la sola presenza dello staff tecnico. Dalla registrazione il regista Adrian Maben ricavò un film-concerto, *Live at Pompeii,* che resta tuttora una pietra miliare della storia del rock per gli effetti audiovisivi utilizzati in uno spazio vuoto. L'idea di girare il film a Pompei venne al regista durante una giornata di visita nella città: Adrian si accorse di aver perso il portafogli e, convinto di averlo lasciato all'Anfiteatro, ritornò lì la sera per cercarlo. Ma rimase tal-

mente incantato dall'atmosfera magica e misteriosa dell'Anfiteatro al buio che disse "*Qui devono venire i Pink Floyd*!" La pellicola, realizzata in coproduzione con la televisione francese, è anche fonte di una serie di aneddoti, di cui il più noto riguarda la fornitura di corrente elettrica per gli impianti della band e per i proiettori di scena. Visto che nell'area archeologica non v'era sufficiente potenza, si dovette in tutta fretta stendere una prolunga di parecchi chilometri fino al comune di Pompei, che fu "piantonata" da numerosi volontari lungo tutto il percorso fra i campi, giorno e notte, in modo da evitare danneggiamenti o interruzioni dovuti a eventuali allacci abusivi. A causa di questo inconveniente i 6 giorni previsti per le riprese furono ridotti a 3 e, non essendo sufficienti per registrare tutto il materiale necessario, il regista fu costretto a usare spezzoni suonati in studio ai quali venne applicato uno sfondo. Inoltre, a peggiorare ulteriormente la situazione, un ritardo aereo nella consegna delle casse della strumentazione, provenienti direttamente da Londra, lasciò ai Pink Floyd solo 2 giorni di tempo per girare l'intero film!

19. *Mensa Ponderaria* e Latrina pubblica nel Foro di Pompei: bel segno di civiltà!!!

Immaginate di essere un commerciante che giunge nella Pompei di 2000 anni fa dopo uno spossante viaggio

sul carro (*plaustrum*) per trasportare la propria merce. Entra da Porta Marina, si ferma giusto un attimo presso il tempio di Apollo per ringraziare il dio del buon esito del viaggio e poi subito si addentra nel Foro civile della città, proiettandosi nel viavai quotidiano di rumori e odori. L'atmosfera della piazza di Pompei, centro della vita religiosa, politica e commerciale, assomiglia più a quella delle medine o dei *suq* arabi che all'immagine romantica con il tempio di Giove sullo sfon-

do cui siamo abituati! Il grido del banditore, il prezzo strillato dei prodotti in vendita nelle botteghe di stoffe e vivande, il brusio degli attendenti fuori dalla basilica, l'eco dei colpi del fabbro, lo stridore delle mole delle macine, i suoni degli animali, il cigolio dei carri, il vocio della gran calca… Così frastornati, pensate come è facile per il malcapitato commerciante imbattersi in spregiudicati truffatori! Ma proprio per impedire gli arbitri dei venditori, la municipalità ha predisposto nel Foro un ufficio contenente una tavola con le misure legali di peso e di capacità, detta *mensa ponderaria*. Nel grosso lastrone di calcare vi sono 9 cavità circolari, ciascuna corrispondente ad una misura. Un foro sul fondo consente la fuoriuscita della merce pesata. Con grande efficienza, dopo la fondazione della colonia a Pompei e l'abbandono delle misure osche, le cavità sono state anche adattate alle nuove unità di misura del sistema romano, che non combaciano con quelle precedenti! E sempre accanto al Foro di Pompei il commerciante può tranquillamente provvedere ai propri bisogni fisici in una latrina pubblica (*forica*) gratuita, costituita da una grande stanza con un sedile ricoperto da assi forate, capace di ospitare contemporaneamente più di 10 persone!

20. Il *lanista* di Pompei

Portata alla ribalta qualche anno fa dal film con Russell Crowe, la figura del gladiatore ha sempre suscitato

un grande interesse. Ma che i giochi gladiatori ebbero origine proprio in Campania e che a Pompei esiste più di una scuola di gladiatori, non molti lo sanno… La scuola, diretta da un *lanista* che è allenatore e proprietario dei gladiatori, è un misto tra un centro sportivo e una caserma. Nella Casa detta del *Sacerdos Amandus* (I 7,7) abita un *lanista* che pubblicizza il suo mestiere tramite una scena di lotta tra gladiatori dipinta presso l'ingresso. I gladiatori sono accompagnati dal nome: Spartaco è il più richiesto! Il loro addestramento è molto duro, a base di figure simili a quelle del moderno karate, e si svolge o nella Palestra Grande prossima all'Anfiteatro, o, nell'ultimo periodo della città, presso il Quadriportico del Teatro Grande… Nella scuola vige un codice d'onore e uno spirito cameratesco di fratellanza che accumuna molti di loro,

ex schiavi o ex criminali liberati grazie alle proprie vittorie. Onore e valore: non esiste il fuggire dalla battaglia! In base al tipo di armatura indossata e alla modalità di combattimento, i gladiatori si dividono in classi ben precise che si battono tra di loro. I gladiatori traci impugnano la *sica*, la caratteristica spada corta e ricurva, piegata ad angolo retto e per difesa hanno uno scudo piccolo e tondo. Il corpo è protetto da una corazza, da due schinieri e da un bracciale metallico. Una visiera bucata copre l'intero viso. Nemico giurato del tracio è l'oplomaco dall'elmo imponente ornato di piume. La sua pesante armatura e l'enorme scudo rettangolare, dietro cui si ripara completamente quando attacca, lo rendono molto lento. Altra coppia tradizionale è formata dal *retiario* che usa contemporaneamente un tridente e una rete per allontanare e bloccare il *secutor*, l'abituale avversario, che evitando quegli strumenti con la protezione di uno scudo rettangolare, si scaglia sul *retiario* con il gladio, la tipica spada romana corta e dritta. Indossa un elmo piccolo e arrotondato per non concedere appigli. Altri gladiatori sono gli *essedarii* che combattono sui carri vestiti come i Britanni e i *bestiari* che lottano con gli animali. Il privato che organizza i giochi "noleggia" i gladiatori dal *lanista*: se il gladiatore torna ferito in maniera invalidante o morto, il prezzo è notevolmente alto! Ma siccome lo spettacolo è di solito una forma di propaganda elettorale, fare uccidere i gladiatori nell'arena diventa un modo, per chi offre lo spettacolo, di dimostrare la propria generosità... non si bada a spese pur di soddisfare la sete di sangue del pubblico!

21. Le "terme del piacere" a Pompei

Ce ne erano di spregiudicati imprenditori, anche 2000 anni fa a Pompei! E' il caso del proprietario delle

Terme Suburbane, che aveva pensato di richiamare nello stabilimento il maggior numero di clienti grazie all'uso pubblicitario del sesso, più o meno come accade oggi in tante espressioni della comunicazione mediatizzata. L'imprenditore costruì le Terme Suburbane all'esterno delle mura di Pompei, vicino all'ingresso di Porta Marina, in una zona prossima al fiume e al frequentatissimo porto della città. Lo stabilimento fu concepito diversamente dai precedenti edifici termali pompeiani, con un solo settore e uno spogliatoio unico per uomini e donne. Ai consueti ambienti in sequenza con vasche d'acqua a diverse temperature e stanza per bagni di sudore, fu aggiunto un altro locale dotato di una grande piscina riscaldata col sistema "a samovar" (un recipiente, posto al centro, sotto cui si accendeva direttamente il fuoco). Il sesso come elemento di richiamo pubblicitario è utilizzato nella decorazione dello spogliatoio, dove scene erotiche sono abbinate ai numeri e agli scomparti dove i clienti riponevano i propri abiti prima di iniziare l'itinerario balneare. Gli affreschi presentano varie posizioni e prestazioni sessuali e costituiscono una sorta di "catalogo" del mercimonio che avveniva al piano superiore. Non a caso i romani accomunavano amore e terme secondo il detto: *balnea vina venus corrumpunt corpora nostra sed vitam faciunt* "*i bagni, il vino e l'amore corrompono i nostri corpi ma fanno bella la vita*". Tra le particolarità oltre all'immagine del poeta nudo, c'è anche un quadretto di amore tra due donne, unica scena di amore saffico dell'epoca romana arrivata sino a noi.

22. Al teatro Grande!

Lo sapevate che il teatro di Pompei è uno dei più antichi del mondo romano e che fu costruito un secolo e

mezzo prima di quelli a Roma? Benché preferissero i rudi spettacoli dell'Anfiteatro, i Pompeiani non disprezzavano le rappresentazioni teatrali, anche se l'abitudine di allestire spettacoli in occasione di feste religiose, portava ad un calendario rarefatto e carico d'attesa nella città! Come oggi in certi ambienti, andare a teatro era un'occasione non solo "per vedere", ma per "farsi vedere": dai preziosi abiti, ai comodi e lussuosi sedili (i *bisellia*) su cui gli aristocratici prendevano posto nelle prime file. Tragedie e commedie andavano in scena contemporaneamente, secondo un'intenzionale mescolanza di generi attestata anche dagli affreschi della Casa del Centenario, dove scene tragiche sono dipinte accanto a quelle comiche. Tra gli autori di commedie doveva godere di particolare successo l'ateniese Menandro, ritratto con la testa coronata nel peristilio di una casa non lontana dal teatro; ma anche il romano Plauto era molto amato. Il "cartellone teatrale" era dipinto sui muri delle strade qualche giorno prima, oppure bandito a voce nel Foro di Pompei da araldi pagati dagli organizzatori dello spettacolo, i magistrati in carica. Erano loro a provvedere allo stanziamento dei fondi e anzi, proprio la generosità, era un requi-

sito essenziale per aspirare a futuri incarichi pubblici! Il fascino degli spettacoli teatrali poggiava, oltre che sulla bravura degli attori, sulle scenografie dipinte e sulla presenza di speciali macchinari con cui era possibile ottenere effetti in grado di catturare emotivamente il pubblico. Poiché l'ingresso era gratuito e gli spettacoli di durata prolungata, non mancava la gente che andava ad occupare i posti a sedere sin dalla notte prima! Il teatro era scoperto (un *velarium* poteva al massimo riparare dal sole), ma in caso di gravi e improvvise intemperie, ci si poteva rifugiare sotto i portici del grande cortile situato dietro l'edificio scenico, dove numerosi venditori ambulanti permettevano di rifocillarsi. Che altro? Ah, si, nel teatro di Pompei esisteva il sipario, ma era azionato in modo opposto a quello moderno, si abbassava all'inizio e si alzava alla fine dello spettacolo!

23. Il quadrato magico: Cristiani a Pompei?

Come è noto l'eruzione del Vesuvio interruppe la vita a Pompei nel 79 d.C. Ciò significa che erano passati appena 46 anni dalla morte di Cristo avvenuta nel 33, e che i primi seguaci della religione cristiana, nata alla periferia dell'impero, esistevano da pochissimo. E' curioso, pertanto, trovare testimonianze concrete della presenza cristiana in una cittadina come Pompei, ben lontana dalla Palestina e di certo non di cultura cosmopolita come Roma! Eppure a Pompei sono stati rinvenuti dei graffiti che rimandano ad una matrice cristiana. E' il caso del famoso crittogramma del *Pater Noster*, conosciuto anche come quadrato magico, graffito in una stanza della Casa di Paquio Proculo (I 7, 1-20) e su una colonna della Palestra Grande. Sul significato del quadrato magico, di cui quella di Pompei è l'attestazione più antica, sono state costruite molte teorie, che spaziano da simboli precristiani fino ai messaggi cifrati dei templari. Si tratta di cinque parole di cinque lettere ciascuna (*sator arepo tenet opera rotas*), scritte di seguito una sotto l'altra in modo da formare un quadrato, che possono essere lette in qualsiasi direzione. Le 25 lettere, scomposte e ricomposte, formano due volte l'espressione *Pater Noster*. Se si legge il quadrato a serpentina, inoltre, si ha

"*sator opera tenet – tenet opera sator*", cioè "*il seminatore possiede le opere*", ovvero è il signore del creato. E ancora, l'incrocio delle due parole *tenet* disegna al centro del quadrato una croce perfetta: si tratterebbe di una raffigurazione cifrata dei primi cristiani per poter adorare la croce in segreto. Il mistero è ancora fitto, anche se l'ipotesi di una presenza cristiana a Pompei non sarebbe senza fondamento e potrebbe riconnettersi all'esistenza di gruppi giudaici nella valle del Sarno, i quali per primi furono in grado di recepire il messaggio cristiano.

24. Pompei: «*Torna la vite, torna la vita!*»

Questo motto racchiude l' iniziativa promossa dalla Soprintendenza di Pompei dove dal 1996

è stato avviato il progetto "Villa dei Misteri" che conferisce alla ditta l'incarico di ripristino della viticoltura nei luoghi e con gli stessi vitigni dell'epoca dell'eruzione. Sono state reimpiantate 3 delle 8 tipologie coltivate nell'antica Pompei, che producevano il richiestissimo *Vesuvinum*, le cui anfore venivano esportate in Spagna, in Gallia e in Britannia. L'uvaggio è costituito dall'aglianico, dello sciascinoso e del piedirosso. Il vino, i Pompeiani lo sapevano produrre, avendo imparato il segreto in anni di sperimentazione e coltivazione: prima tra tutti la vite "*Murgentina*", derivante dalla città siciliana di Morgantina, che a Pompei aveva avuto un così grande successo da cambiare il nome in

"*Pompeiana*", ma anche l'*Holconia*, originaria dell'Etruria. In molte ville dell'area vesuviana ci sono locali per la lavorazione del vino (*torcularia*), presse per la spremitura dell'uva con il tronco a testa d'ariete, grande anfore seminterrate di terracotta per la raccolta del vino... Che a quel tempo si dice avesse la consistenza gelatinosa della marmellata e doveva essere allungato con l'acqua... Produttori di vini a Pompei erano gli *Arrii*; assieme a loro, produceva vino *Asinio Proculo*, conosciuto per una particolare qualità, l'*Asiniano racemato*, sorta di d.o.c. dell'epoca. Famosi, erano anche i fratelli *Vettii*, *Conviva* e *Restituto*, che proprio con il vino e la vendita di grosse partite si erano arricchiti e costruiti la stupenda dimora dove vivevano. Noto a Pompei, era l'oste *Eusino*, bastava solo scrivere "a *Euxino*" sulle anfore a lui destinate, che il prodotto gli giungeva sin nelle cantine. I vigneti sono stati ripiantati secondo le modalità antiche: i filari ravvicinati si dispongono esattamente sulle impronte di 2000 anni fa, individuate grazie ai calchi in gesso delle radici, a circa 4 piedi di distanza tra loro (ogni piede misura 29,64 cm) e sono sorretti da paletti in legno di castagno secondo il sistema della "*vitis compluviata*", descritto nella sua "Storia Naturale" proprio da quel Plinio il Vecchio vittima dell'eruzione! Le 5 aree a vigneto si trovano nelle *Regiones* I e II presso l'Anfiteatro (vigneto dell'oste Eusino, della Casa della Nave d'Europa, dell'Osteria del Gladiatore, del Foro Boario, della Casa del Triclinio estivo) e coprono un'estensione di circa un ettaro! Due bottiglie di Pompeiano igt rosso sono state inviate alle ambasciate italiane nel mondo, per far conoscere come la Campania possa essere "*felix*" anche oggi!

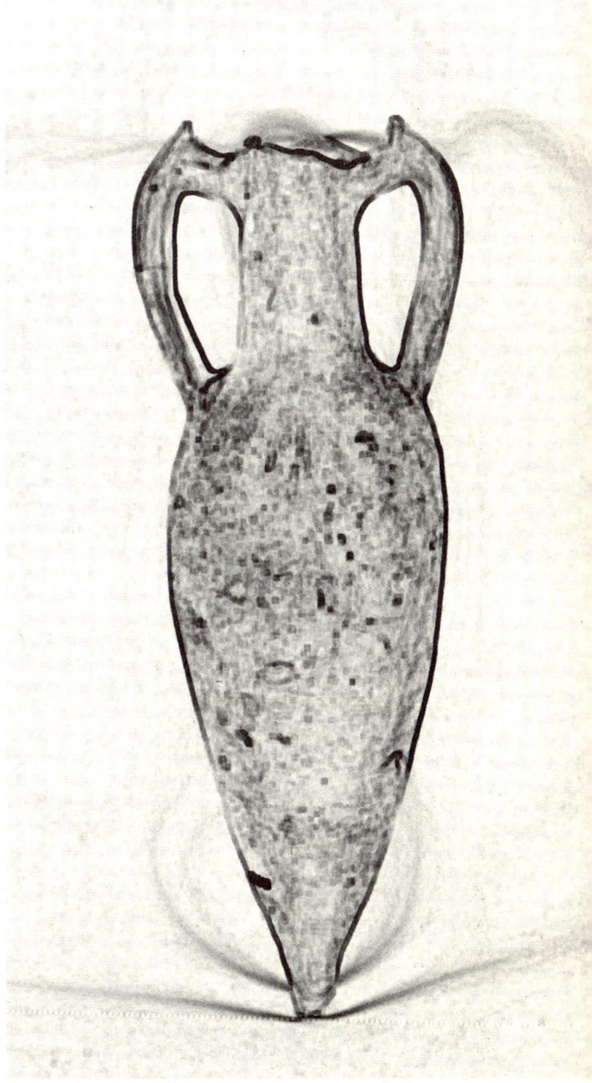

25. Oggi, 17 dicembre a Pompei...

Siamo a Pompei, fa freddo, è il 17 di dicembre. Questo giorno, che casualmente coincide

anche con il mio compleanno (o meglio *dies natalis* visto il contesto), è la data che in tutto il mondo romano segna l'inizio dei Saturnali. E' la festa più gradita da tutti, in onore dell'antico dio Saturno, fondatore della mitica età dell'oro. Festa di una magica irrealtà, dove il caso prende il posto della necessità della storia e dove per tutti, questo giorno, è obbligatorio indossare il *pileus*, il berretto conico di feltro abitualmente riservato agli schiavi affrancati. In città si ferma tutto: si chiudono le

scuole e i tribunali, si sospende ogni dibattito ed ogni esecuzione contro i colpevoli. Nelle case, dinnanzi al sacello domestico della famiglia, si procede al sacrificio di una porchetta lattante, si accendono candele per simboleggiare il sole che riappare dopo l'inverno, quando le giornate tornano ad allungarsi. Al banchetto, a tutti i membri della famiglia, è consentito mangiare e bere a dismisura, giocare a dadi, scherzare, in obbedienza ad un re di bisboccia sorteggiato nei modi più bizzarri ed inconsueti. Come in un gran carnevale in questo giorno la divisione tra liberi e schiavi sparisce, e per una volta gli schiavi ottengono di sedere alla tavola dei padroni, non per concessione, ma da pari a pari, tanto da poter dire loro tutto ciò che non oserebbero in nessun altro momento. E' facile immaginare come il 17 dicembre a Pompei tutte le *cauponae* e i *thermopolia* della città siano pieni: grandi bevute di *vinum*, mangiate di focaccia (senza pomodori, non ancora conosciuti), di salsiccia, accompagnate dall'immancabile *garum* (una salsa di pesce), da cipolle (*cepæ*) e da cavoli (*brassicæ*). Chissà oggi quanti avventori nella *caupona* di *Asellina*, che gestisce personalmente il suo locale sulla via dell'Abbondanza. Da lei si può gustare un cocktail alla moda, la "*posca*", ottenuto mescolando acqua, uova, e vino acido. Il locale ha anche un altro pregio: il servizio è prestato da tre avvenenti e disponibili ragazze orientali: *Smiryna*, *Maria* e *Egle*…

26. Iside: la dea che piange

La venerazione per Iside, sposa, madre e protettrice dei naviganti, a Pompei e nel mondo romano era

davvero grande. Ma come era riuscito il culto di una divinità straniera a impiantarsi a Pompei e sostituirsi a quello per le divinità tradizionali? Iside è la dea infelice che, perseguitata dall'invidioso dio Seth, che le uccide l'amato marito Osiride e la costringe a nascondersi col figlio Arpocrate nelle paludi del delta del Nilo, vaga alla ricerca dello smembrato corpo del coniuge. Iside è la dea che piange l'umanità, un pianto accorato e dolente, un pianto che vivifica, poiché rigonfia con le lacrime le acque del Nilo che, straripando, fertilizzano la terra d'Egitto. E l'acqua è elemento dominante in tutte le cerimonie in onore della dea. Agli *Isia*, dal 13 a l 16 novembre, in cui si rivive la morte di Osiride, l'affannosa ricerca delle parti del corpo e la gioia della resurrezione, il rituale prevede la purificazione dei fedeli con l'acqua sacra del Nilo. L'acqua è raccolta in un monumentale bacino presso il tempio di Iside a Pompei e serve per l'iniziazione del culto a nuovi adepti. Quotidianamente la statua della dea è lavata e vestita; l'acqua del fiume onorata con inni dai sacerdoti, i quali, a loro volta, completamente rasati, devono compiere su sé stessi determinate abluzioni, sia di giorno, sia di notte. Un sacerdote di Iside, *D. Octavio Quartio*, fece costruire nel vasto giardino della sua abitazione a Pompei due canali d'acqua tra loro perpendicolari (*euripi*), decorati da statue e fontane allusive all'Egitto, in cui era possibile assistere ad inondazioni artificiali che simulavano quelle sacre e fertili del Nilo. Questo è Iside. E aggiungo anche che la cultura paleocristiana è debitrice al culto di Iside sia nei rituali, sia nell'iconografia (la dea è rappresentata con suo figlio in braccio), e vari templi a lei dedicati sono stati trasformati in chiese mariane! In effetti, la devozione per Iside, non doveva essere molto dissimile da quella per la Beata Vergine del Rosario, nel frequentatissimo Santuario di Pompei!

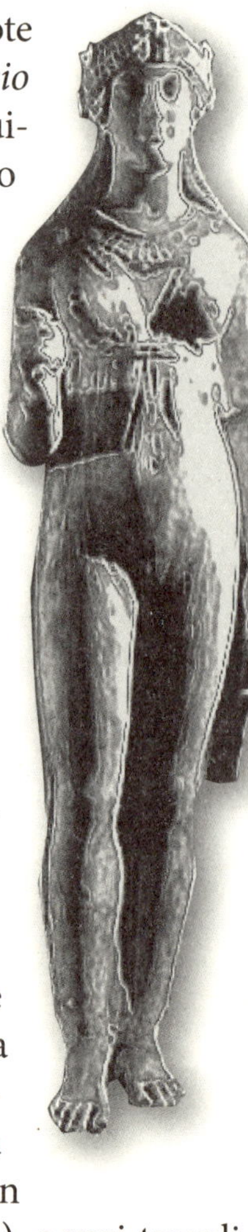

27. La matrona ingioiellata e il gladiatore

Questa è una delle leggende metropolitane che ho sentito a Pompei, ve la racconto. Nell'antichità come oggi, il mito del gladiatore era vivo tra la gente: tra gli spettatori dell'arena, per i quali alcuni gladiatori, divenuti davvero famosi, erano oggetto di sfrenata tifoseria, e tra la gente che cercava ad ogni costo di diventarlo, come oggi si può desiderare di diventare calciatori di successo. I graffiti pompeiani testimoniano l'ammirazione di cui i gladiatori godevano in particolare tra il pubblico femminile. Sappiamo di Celado il Trace "*gloria e sospiro delle ragazze*", del reziario *Crescens* "*signore delle fanciulle*", "*medico delle bambole notturne, mattutine e di tutte le altre*"..... Che alcuni gladiatori divennero amanti di ricche matrone e vedove è cosa risaputa: corre voce che persino Commodo non fosse figlio dell'imperatore Marco Aurelio, ma dell'amante di sua madre, appunto un gladiatore. Un ritrovamento pompeiano parrebbe confermare che le signore delle classi alte erano particolarmente sensibili al fascino dei gladiatori... Nel settecento, nel Quadriportico del Teatro di Pompei, furono rinvenuti elmi, schinieri, scudi, lance, pugnali riccamente decorati. Si tratta delle armature usate nelle parate che precedevano i combattimenti. Nell'ultima fase di vita della città il Quadriportico dietro la scena del Teatro era utilizzato come caserma e alloggio dei gladiatori, forse perché quello abitualmente in uso aperto su via di Nola, era stato danneggiato dal terremoto del 62 d.C. Nelle cellette dove questi dormivano, oltre a oggetti personali, sono stati trovati anche i resti di una persona di sesso femminile ornata da una ricchissima parure di gioielli. Cosa ci faceva, in quel posto, una ricca e nobile matrona pompeiana? Esercitando un po' la fantasia, si è diffusa l'idea che quella sera la signora di liberi costumi, fosse andata, presumibilmente di nascosto, a trovare il suo bel gladiatore. Per completare la sfortunata vicenda di amore e morte, un altro corpo rinvenuto vicino a un cavallo, venne identificato come il servo che accompagnava la ricca matrona. Chissà se il cataclisma la sorprese appena arrivata, o mentre si accingeva a tornare a casa. Come che sia, possiamo supporre che morì in un momento felice.

28. Lungo Via dell'Abbondanza, di sabato...

Oggi è sabato, a Pompei è giorno di mercato. Zosimo, il vasaio, apprezzato fabbricante di resistenti giare

per il *garum*, lo ha annotato sulla parete della sua bottega, non lontana dall'Anfiteatro, insieme ad una lista che riporta le *nundianae*, i giorni dei periodici mercati nelle città limitrofe a Pompei. Il mercato si tiene la domenica a *Nuceria*, il martedì a Nola, il mercoledì a *Cumae*, il giovedì a *Puteoli*, il venerdì a Capua, il lunedì ad *Atella*. Il Foro e le strade sono piene di gente, Via dell'Abbondanza è una successione ininterrotta di officine, botteghe, taverne e osterie. Ecco la *taberna pomaria* di *Felix*, il fruttivendolo, che espone i suoi prodotti sul bancone. Poco avanti l'*officina coriaria*, l'unica conceria della città. Le 15 vasche in cui le pelli macerano in acqua insieme agli estratti vegetali, non devono essere una delizia per l'olfatto!! E neanche dalla vicina *Fullonica* di *Stephanus* proviene un buon odore! Nella lavanderia-tintoria, i tessuti, dopo essere stati pigiati, sono sciacquati nelle vasche con sostanze sgrassanti come soda e urina umana. E, a dimostrazione che *pecunia non olet*, una giara è collocata lungo la strada, per i passanti sempre ben disposti a donarne un po'. Certo, prima che Vespasiano ne imponesse la tassazione! L'ultimo incasso della lavanderia parla chiaro: 1.089,5 sesterzi, non male, se si considera che l'affitto annuo di una *fullonica* comunale è di 1.652! Al *thermopolium* una coppa di vino caldo, che è sabato oggi. Si guadagna bene qui, lo testimoniano i quasi 3 Kg di monete rinvenuti nel dolio incassato nel bancone! Poco oltre, l'inconfondibile rumore di una macina nel *pistrinum* dove si produceva il pane: le mole, manovrate da buoi o da schiavi, macinano il grano per ottenere la farina con cui si fabbricavano le ciambelle che dovevano sprigionare un aroma irresistibile! Una tettoia protegge dal sole le due successive locande, la *caupona* di *Sotericus* e quella dell'Insegna d'Africa dove, più che la zuppa di fave o il vino scadente, i nomi di certe *puellae* invogliano gli avventori. Ancora c'è l'*officina* del *garum* degli *Umbrici*, condimento indispensabile nella cucina romana, ricavato lasciando fermentare al sole le interiora di numerose varietà di pesce. Rinomato è quello di Pompei! Anche qui davanti, viandante, sconsiglio una lunga sosta...

29. *Cave canem*!!!

(*C*)*ave Canem*, letteralmente “fai attenzione al cane” viene usato ancora oggi come cartello

all’ingresso delle abitazioni per avvisare appunto della presenza all’interno di un cane da guardia. Ma lo sapevate che il motto deriva proprio dal famoso mosaico con il cane nero al guinzaglio (il *canis catenarius*) accompagnato dalla scritta “*Cave Canem*” che si trova sul pavimento dell’ingresso della Casa del Poeta Tragico? E che in molte altre abitazioni di Pompei è riprodotta l’immagine del cane che faceva la guardia della dimora nella notte senza luce di Pompei? Un cane nero, privo di iscrizione, è rappresentato alla catena presso una porta semiaperta in un mosaico posto all’ingresso della Casa di Paquio Proculo. “*Cave Canem*” è dipinto all’entrata della *Caupona* di *Sotericus*, in quella della casa di L. Cecilio Giocondo e su un pilastro del Termopolio I, 12, 3. C’è un episodio divertente narrato da Petronio nel *Satyricon* a proposito di questa abitudine: il parvenu Trimalcione ha fatto dipingere sulla parete di sinistra dell’ingresso un cane talmente enorme, da spaventare lo stesso Petronio appena entrato: “*Guardavo incuriosito, quando sobbalzai così improvvisamente che quasi mi spezzavo una gamba. Sulla sinistra, vicino alla guardiola del portiere, era dipinto un grosso cane alla catena, che sembrava vivo, con al di sotto scritto in maiuscolo*: “*Cave Canem*”. A riprova che un reale cane da guardia sorvegliava effettivamente *l’aditus* delle case pompeiane è il cane, di cui fu fatto un calco in gesso, trovato ancora legato con il collare ad una catena nella Casa di Orfeo!

30. La sacerdotessa Eumachia

Pompei ha avuto le sue grandi donne, *Aesquilia Polla*, morta a 22 anni, alla quale suo marito, un

importante funzionario all'epoca di Augusto, eresse fuori Porta Nola il più elegante sepolcro che sia stato costruito ad una giovane e bella donna. Giulia Felice, proprietaria e accorta amministratrice della sua grande villa in città. La sacerdotessa pubblica *Mamia*, che aveva costruito nel Foro il tempio del Genio di Augusto, e alla quale il senato decretò un pubblico sepolcro fuori Porta Ercolano, la cui vista sul Vesuvio ispirò a Goethe dei poetici versi. Ma su tutte primeggia Eumachia, sacerdotessa di Venere e patrona della corporazione più potente e numerosa della città, quella dei *Fullones*, i potenti lavandai. Eumachia, discendente da una famiglia di imprenditori, è così ricca da avere fatto costruire a sue spese il grande edificio situato sul lato orientale della piazza del Foro di Pompei, dedicandolo a Livia, la moglie dell'imperatore in cui onore aveva fatto porre una statua presso la grande esedra aperta all'interno del portico! L'edificio di Eumachia, destinato in primo luogo al culto imperiale, era anche il luogo commerciale più importante della città. Vi si svolgevano diverse contrattazioni: dalla vendita dei panni e delle lane, al commercio degli schiavi, alle aste dei banditori e dei banchieri. Una stanzetta, munita di un grande contenitore impiegato come vaso risonatore, era usata per gli annunci dell'araldo! Dalla fontana, posta vicino all'ingresso secondario dell'edificio e decorata da una raffigurazione con cornucopia, deriva proprio il nome Via dell'Abbondanza! Anche la grande tomba a forma di esedra nella necropoli di Porta Nocera è spia dell'importanza di Eumachia. La sacerdotessa fece costruire per sé e per i suoi familiari il sepolcro più grandioso e monumentale di Pompei: dall'alto emiciclo del monumento la sua statua ricordava a quanti entravano in città di quale prestigio avesse goduto in vita. Le sue fattezze dovevano essere note a tutta la città: anche nell'edificio vicino al Foro i *Fullones* avevano dedicato ad Eumachia una statua onoraria!

31. Nella *Caupona* di *Salvius*: gioco d'azzardo a Pompei

Grande è l'amore dei Pompeiani per i giochi d'azzardo, ogni locanda nasconde nel retrobottega una vera

e propria bisca e, nonostante il divieto dei censori che restringe ai soli *Saturnalia* la pratica del gioco dei "dadi", diventato un vero problema sociale per le continue risse, ogni giorno nella città si fanno scommesse e si gioca a dadi. Ve ne sono di due tipi, i *tali*, di forma oblunga e con solo quattro facce numerate, e le *tesseræ*, a sei facce, che erano lanciate da un recipiente (*fritillus*); vince chi ottiene punteggio più alto. All'osteria si gioca anche a *navia aut capita* (testa o croce), *par impar* (pari e dispari), *micatio* (l'attuale gioco della morra) o al *tric trac*. Cos'è? Una specie di gioco dell'oca. Su di una tavola, su cui sono segnate 12 linee intersecantesi tra di loro, le pedine si muovono a seconda del punteggio ottenuto gettando i dadi e gli ossicini. Uno dei posti più in voga per gli appassionati del genere è la *Caupona* osteria di *Salvius*… Il vino caldo che dà alla testa è la specialità della casa, Salvio lo conserva in un dolio riscaldato da una caldaia in piombo collocata sul focolare. Sul retro della *caupona* ci si può intrattenere con disponibili *puellae*, si possono tirare i dadi, ma a volte i diverbi tra giocatori finiscono in violente mischie!! E' proprio questo che Salvio ha fatto affrescare sulle pareti della bottega: 4 scene illustrate a mo' di vignette da iscrizioni dipinte. La prostituta *Myrtale* bacia un avventore della *Caupona*, mentre 2 clienti reclamano la priorità della propria ordinazione ad un'ostessa. Un accanito diverbio scoppia tra giocatori di *tesserae*: "*Sono fuori*", dice il primo, ma l'altro replica "*Ma non era 3 era 2*". Volano gli insulti "*fellatore nato, ho vinto* io", e si arriva alle mani. Ma ecco che interviene il piccolo oste con un ordine perentorio: "*andate a scazzottarvi fuori*".

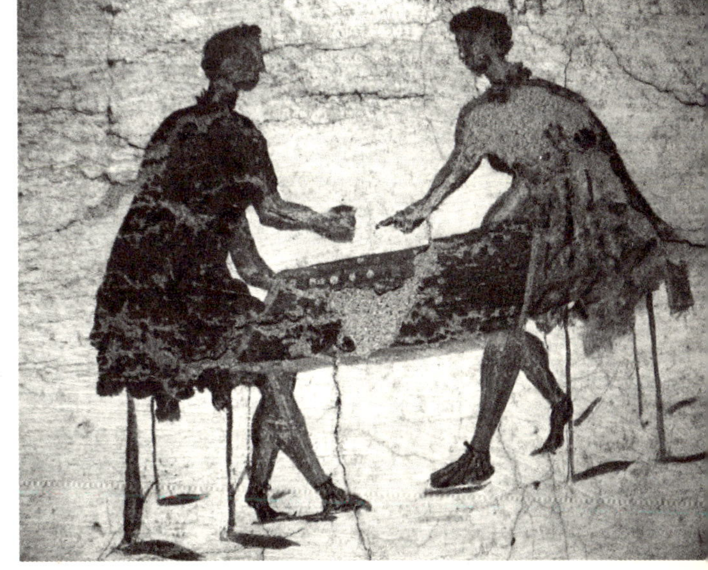

32. L'ultima guerra di Pompei

Siamo nella primavera dell'89 a.C., Pompei ha aderito alla causa dei *socii* italici per conquistare il diritto di

cittadinanza romana e, divenendo nemica di Roma, si è esposta alle conseguenze, che non tardano a farsi sentire. A comando dell'esercito romano è il generale Lucio Cornelio Silla, che decide di attaccare la città nel tratto settentrionale della cerchia, tra Porta Ercolano e Porta Vesuvio. Senza dubbio è il migliore segmento dell'intera fortificazione, bene armato e ben difeso dalle 3 torri, ma dal ciglio del fossato delle mura, fino alle falde del vulcano, si estende un'ampia pianura idonea al dispiegamento delle pesanti catapulte e delle baliste da sfondamento. Essendo romani gli armamenti e le tattiche degli assediati e degli assedianti, era stato chiaro sin da subito che la città sarebbe caduta non per un semplice colpo di mano, ma solo dopo un assedio estenuante. I preparativi sono meticolosi, le macchine da guerra sono caricate con le relative munizioni, finché, all'alba di una limpida giornata estiva, viene impartito l'ordine di apertura del tiro. Il segnale è compreso anche dalle mura di Pompei, da cui ansiosamente si spiano i lavori. Pochi attimi ancora e, preceduta da stridii sinistri, una grandine di palle di pietra si abbatte contro le merlature, sgretolandole insieme alle schermature dei parapetti difensivi. Nugoli di dardi, penetrati dalle tante brecce, colpiscono quanti, paralizzati dal fragore e dalla violenza della scena, ancora la osservano. A nulla valgono le corazze, né gli scudi. Dagli spalti cola sulle cortine una scia rossastra, mentre tra il rimbombo degli schianti, i fischi delle frecce, i sibili delle fionde e le urla dei feriti, anche dalle torri si apre il contrattacco con le artiglierie. La difesa dei Pompeiani è strenua, e in un primo momento i Romani sono costretti a ritirarsi, ma, poco dopo, riportano una vittoria contro i Celti, alleati di Pompei nei pressi di Nola, in una battaglia in cui persero la vita, circa, 18.000 uomini. All'interno della città gli effetti dell'assedio sono evidenti: case sfondate dai tiri a scavalco sopra le mura, altre bruciate da proiettili incendiari che piombano di notte sull'abitato… Pompei e gli alleati perdono la loro guerra, Roma ristabilisce la sovranità e la città, trasformata in colonia romana, recupera in breve il suo benessere, dimenticando quella tragica prova. E alcuni cittadini conservarono, forse per scaramanzia, le palle di pietra cadute in quella estenuante battaglia fratricida nelle loro case…

33. L'ultima infornata del panettiere Modesto

Liberamente tratto da un brano scritto nel 1955 dall'allora Sovrintendente di Pompei Amedeo Maiuri, in

"Pompei ed Ercolano tra case ed abitanti". La casa, con forno e bottega, è in via degli Augustali, fiancheggiata da un lato dalla dimora del centurione *Caesius Blandus* che ostenta chissà quali trofei; e da quella dei fratelli *Sirico* e *Nummiano*, straricchi, che hanno messo come insegna sulla soglia d'entrata il motto d'invito all'ospite più gradito: "*Salve Lucrum*", "*Benvenuto guadagno*!". Lui, il panettiere, si chiama Modesto, come recita un programma elettorale dipinto proprio accanto all'ingresso. Si è comprato una casa signorile devastata dal terremoto, in un quartiere di gente altolocata e l'ha trasformata in un panificio, sacrificando affreschi e mosaici. La stalla per gli animali l'ha impiantata nell'atrio, la vasca per il lavaggio del grano al posto dell'impluvio, il laboratorio per impastare dove prima era il triclinio, le macine e il forno nel tablino e nel giardino. A lui e alla famiglia basta lo spazio del piano superiore. E si è dato da fare Modesto, anche perché a pochi passi, spalanca il panificio ai passanti lungo la Via Stabiana, il re dei panettieri di Pompei: *Paquio Proculo*, che esporta pane fin nella rivale Nocera!! Per guadagnarsi la

clientela il pane deve essere di qualità e di giusta cottura, lo amano caldo gli avventori delle vicine terme, della *Taberna* di *Sittio* e gli sfaccendati che sostano al Quadrivio degli *Holconii*. E anche quel giorno d'agosto si è lavorato come cani per l'ultima informata della giornata: sin dall'alba, prima che il sole arroventi i tetti e le strade di Pompei, servi, uomini e donne hanno impastato la farinata macinata il giorno prima. Il pane ha lievitato bene sulle tavole dell'impastatoio, è pane da signori, fatto di fior da farina! 81 pagnotte rotonde, divise a spicchi, sono fatte secondo il peso stabilito dagli edili, e Modesto pensa orgogliosamente che sarebbe ora di farvi apporre il suo marchio di fabbrica, come fa qualche vanitoso rivale. L'aria è densa e immobile, il cane si mette a ululare stranamente. D'improvviso un rombo squarcia l'aria e fa sussultare le mura e i tetti di casa, una caligine nera scende dal Vesuvio insieme ad una grandine di piccole pietre. Con i guanciali sul capo padroni e servi scappavano, mentre il pane, protetto dalla volta del forno, continua a cuocere a lungo, invano, annerendosi nel buio dei secoli. Quasi 1800 anni dopo uno scavatore, rimosso il banco dei lapilli e di cenere, si trova davanti quei pani carbonizzati, ma intatti: una bella infornata passata di cottura, pensa...

34. Il *Castellum Aquae* di Pompei: la storia di Marco Attilio Primo

Vorrei parlare del *Castellum Aquae* di Pompei per due buoni motivi. Il primo riguarda il suo

funzionamento: si tratta di una grande opera di ingegneria idraulica per l'approvvigionamento dell'acqua in città! Posto presso porta Vesuvio, nel punto più alto di Pompei (42 m), al suo interno è raccolta l'acqua proveniente da un ramo dell'acquedotto Serino, fatto costruire da Augusto. Da qui, attraverso tubazioni di piombo interrate sotto i marciapiedi, l'acqua raggiunge le torri idrauliche collocate agli incroci delle strade, da dove è ripartita nelle diverse aree della città. Il nuovo impianto segna una svolta nelle abitudini domestiche dei Pompeiani: in precedenza essi utilizzavano l'acqua piovana che, passando attraverso un'apertura del tetto, decantava in una vasca posta nell'atrio (*impluvium*), per poi confluire nella cisterna sotterranea, da dove era attinta con secchi attraverso il pozzo.

Ora tutti i Pompeiani profittano dell'acqua abbondante e fresca che sgorga dalle 40 fontane pubbliche e i benestanti possono permettersi nelle case addirittura ninfei e terme private! Il secondo motivo è che al *Castellum Aquae* si svolge il fortunato romanzo di Richard Harris da cui è stata tratta anche una miniserie tv. Il 22 agosto del 79 d.C., il giovane ingegnere idraulico Marco Attilio Primo viene inviato da Roma per assumere il ruolo di *aquarius*, ossia di sovrintendente di un gigantesco acquedotto che rifornisce Pompei e altre 8 città del golfo di Napoli. Giunto in tutta fretta dopo la misteriosa scomparsa del suo predecessore, Marco si rende conto che, per la prima volta da tempo immemorabile, l'acqua della grande cisterna di Miseno sta progressivamente diminuendo, mescolandosi allo zolfo! Deciso a risolvere la crisi prima di una rivolta cittadina, con l'aiuto dell'ammiraglio Plinio, Attilio parte verso le pendici del vulcano alla ricerca delle cause di quel problema. Mentre si dirige inconsapevolmente verso il cuore di un incubo, egli scopre una truffa, organizzata dal liberto Numerio Popidio Ampliato, per fornire acqua a basso prezzo a Pompei, sottraendo fondi che spetterebbero all'erario... Il resto non ve lo racconto, solo una scena, quella finale: Marco Attilio e *Corelia*, la giovane pompeiana figlia di Ampliato, cercano scampo alla pioggia dei lapilli proprio nelle gallerie prosciugate del *Castellum Aquae* di una Pompei devastata dalla catastrofe dell'eruzione... buona lettura!

35. Una giornata lavorativa a Pompei...

Com'è una giornata lavorativa a Pompei? Per sfruttare la luce del giorno, si inizia all'alba e, anche se le

corporazioni di mestiere impongono non più di 8 ore lavorative, i commercianti di articoli di lusso attendono fino a sera qualche cliente. Quelle degli orafi, dei gemmai, degli argentieri sono attività redditizie a Pompei, le loro officine sono piene di pietre, gemme, coltellini, bulini. Per la cura della persona esistono i profumieri, la cui sede della corporazione si trova al piano superiore del *Macellum*, ma anche truccatrici, barbieri, pettinatrici. Le strade sono invase da insegne, banchi, tendoni, cesti e merci. Una folla laboriosa è occupata in attività ancora oggi diffuse: calzolai, conciatori di pelli, bronzisti, falegnami, muratori, ceramisti, pittori. Molto florida è l'industria tessile: nelle *officine lanifricariae* si provvede alla battitura e al lavaggio della lana grezza; nelle *officinae textoriae* la lana è filata e tessuta; in quelle *tinctoriae* i tessuti sono colorati. Presso le porte delle botteghe attendono i trasportatori, muniti di calessi o di muli, che provvedono a distribuire le merci nella città. Anche i medici sono attestati a Pompei: vicino alla Palestra Grande esiste un "pronto soccorso" per gli infortuni che possono accadere durante le esercitazioni ginniche o gladiatorie. Di notte gli *scriptores*, scrivani professionisti, dipingono sui muri della città la propaganda elettorale o gli annunci degli spettacoli gladiatori. Tra i lavori improvvisati, ci sono i maghi che approfittano dell'ingenuità dei creduloni per vendere pozioni e amuleti. Anche gli artisti sono considerati semplici artigiani: provengono dai ceti più bassi e spesso sono stranieri. In fondo alla categoria ci sono gli schiavi: è possibile acquistarli al Foro come oggetti, presentati in piedi su un palco con una tessera in mano o un cartello appeso al collo, in cui sono riportati dati anagrafici e capacità. In città gli schiavi si occupano dei lavori domestici; i più istruiti si dedicano della contabilità del padrone o ne curano l'istruzione dei figli.

36. La sentinella di Porta Ercolano

Questa storia è divertente e spiega come nascano tante "leggende metropolitane". Andate a Porta Ercolano.

La monumentale entrata, restaurata dopo il terremoto, è costituita da tre aperture, le due laterali riservate ai pedoni e quella centrale, più grande, destinata ai carri che si dirigevano a Oplontis, Ercolano e Napoli. Uscite dal fornice minore, a sinistra, e imboccate Via dei Sepolcri, dove ha inizio la suggestiva necropoli. Noterete subito una struttura contigua alla porta, con una grande nicchia rettangolare. Questo monumento ha sollecitato la fantasia di molte persone e sul suo conto corre una leggenda che, nata come storia da "cicerone", è entrata ben presto nella letteratura sulla città, tanto da essere riportata in un resoconto di un viaggio a Pompei già nel 1869. La nicchia, sarebbe stata la sede della sentinella preposta alla guardia della porta della città e al suo interno

sarebbe stato trovato lo scheletro dell'impavido legionario preposto alla custodia quell'infausto giorno del 79 d.C.. Secondo la storiella il soldato, ligio al suo dovere, rimase fermo, con la lancia in mano, nel luogo che doveva vigilare e neanche la pioggia di lapilli e cenere riuscì a sottrarlo al suo dovere morale. La commuovente storia del "legionario martire della disciplina" è riportata in numerosi diari e racconti di Pompei, fino alla metà del novecento. E questo nonostante già nel 1884 si fosse provveduto a identificare il monumento come tomba a nicchia dell'augustale *Marcus Cerinnius Restitutus*, del quale l'epigrafe, rinvenuta staccata dall'edificio, ci informa che fu costruita per decreto decurionale a spese della città. Ma si sa, le storie appassionano e piace raccontarle e piace ascoltarle, così anche per voi, ora, quella sarà la garitta dell'ultimo uomo che ha visto morire Pompei.

37. La fullonica di *L. Veranius Hypsaeus*

Che ci fa una signora elegantemente vestita con chitone verde e alla moda nella fullonica di *L. Veranius*

Hypsaeus (VI, 8, 2)? L'ancella guarda per lei una stoffa sempre tinta di verde, è un colore che va molto; il titolare *L. Veranius Hypsaeus* decanta le magnificenze della propria attività, ma lei è perplessa. Non è lì per un abito, bensì per tappezzare le pareti del *triclinium* estivo della sua casa con una stoffa particolare, decorata di ornati floreali, maschere ed elementi egittizzanti, che arricchiscono i sontuosi bordi, proprio come nelle pareti reali! Questo nuovo "stile ornamentale" che ha sostituito il precedente fatto di complesse architetture, fa così tendenza che ne parlano tutti. E la sua *domus* non può essere da meno di quella di M. Lucrezio Frontone che l'ha fatta da poco ridipingere con paesaggi e ville d'ozio, per essere un candidato più degno all'edilità! La tappezzeria darà lavoro a lei e alle ancelle nel centrare e cucire a mano i pannelli di stoffa neutra, in un gioco elegante con quelli reali sui quali i *pictores imaginarii* daranno sfogo alla loro inventiva......... E proprio quei drappeggi, lini e damaschi preziosi, che purtroppo la furia eruttiva del 79 ha del tutto combusti, vivevano con la casa gonfiandosi nelle brezze estive, trattenendo quel calore che la gioia conviviale sprigionava d'inverno, o rilasciando a sorpresa aromi di spezie e zaffate di essenze acquistate magari nella attrezzatissima Casa del Profumiere. Ma torniamo alla nostra signora nella Fullonica: la stoffa non la convince, non è quella che cerca. Le hanno parlato dell'*officina quactiliaria* di *Verecundus*, e il soprannome di "rispettabile" gli calza a pennello, come le scarpe che vende insieme alle bellissime stoffe che produce. Andrà da lui, in Via dell'Abbondanza: un decumano che è un vero must per lo shopping!!

38. *Naevoleia Tyche* e *Munatius Faustus*: una storia d'amore a Pompei

C'è una tomba a Pompei nel sepolcreto più tradizionalista della città come quello fuori Porta Ercolano,

generalmente riservato alle famiglie aristocratiche o ai ricchi *mercatores*. Questa tomba è strana, perché non è una tomba, ma un "monumento celebrativo" tout court, visto che quelli menzionati nell'epitaffio sono vivi e vennero successivamente sepolti in un recinto funerario molto più modesto, presso un'altra necropoli a Porta Nocera. La lunga iscrizione in facciata informa che il sepolcro fu costruito dalla ricca liberta *Naevoleia Tyche* per *C. Munatius Faustus*, sacerdote addetto al culto di Augusto. Il monumento ha tutti i cliché della faraonica sepoltura ironica-

mente descritta da Petronio per il ricco liberto Trimalcione, compresi i bassorilievi con il *bisellium*, riconoscimento sociale della comunità, e con la nave da carico che, oltre ad essere di buon auspicio per l'ultimo viaggio, è posta a memoria dell'attività commerciale di Munazio Fausto. Ma, oltre questo, la tomba-non tomba è una grande confessione pubblica, una love-call di quanto la nostra liberta amasse il suo Fausto, tanto da volerlo seguire perfino nella morte. Ne abbiamo visti di amori confessati da donne di Pompei, ma questo è particolare: lei una liberta, ricca, ammirata, imprenditrice; lui un uomo in vista, un augustale, cui è stato concesso dalla comunità e dai decurioni addirittura l'onorificenza del *bisellium*: allora perché tanto scalpore? Perché il citato Fausto non è il marito di *Naevoleia Tyche*. Lo testimoniano l'assenza del dolce possessivo "suo" nell'epigrafe, che avrebbe in tal caso accompagnato il nome del destinatario, e il fatto che lei parli distintamente di suoi liberti e liberte e altrettanto distintamente di quelli dell'augustale, lasciando intendere che non rientri nel nucleo familiare del suo amato. *Naevoleia*

da affermatissima business-woman dell'epoca, dedica pubblicamente attraverso un monumento sepolcrale, tutta la vitalità di un amore pieno che non teme le dicerie della gente! Quando si dice "uniti nella vita e nella morte"!

39. Pompei e il *peplum*-movie

Lo sapevate che il cinema si interessò a Pompei piuttosto precocemente e che non ha mai smesso di farlo?

Già nel 1908, Arturo Ambrosio, titolare della maggiore casa di produzione cinematografica italiana dell'epoca, decise di ridurre in immagini il fortunato romanzo di Bulwer-Lytton "*Gli ultimi giorni di Pompei*", scritto nel 1834, che racconta la storia d'amore di Glauco e Jone, intorno cui ruota tutta la società pompeiana dell'epoca: giocatori d'azzardo, poeti, gladiatori, sacerdoti, schiavi nella cornice dell'eruzione. Il film, icona del cinema *peplum*, venne esportato in tutto il mondo, ottenendo ovunque grande successo di pubblico e di critica. L'enorme fortuna diede vita a numerosi remake: nel 1913 uscirono ben 2 versioni in contemporanea entrambe apprezzate; la riproposizione del kolossal storico nel 1926 riuscì a salvare il cinema italiano da un momento di grossa crisi; l'ennesima versione cinematografica del bestseller è del 1959 e annovera tra gli sceneggiatori del film lo stesso Sergio Leone! L'hollywoodiana pelli-

cola "*The last days of Pompeii*", realizzata nel 1935, è una storia a sfondo gladiatorio-religioso ed è priva di relazione con il romanzo di Bulwer Lytton. Il film, assurdo nell'approccio storico e insufficiente negli effetti speciali, fu un clamoroso insuccesso. Non così "*Les derniers jours de Pompei*", una coproduzione italo-francese girata a Cinecittà nel 1948, con suggestive immagini ed una spettacolare eruzione del Vesuvio, che fu invece uno dei successi commerciali più rilevanti dell'epoca. Nel 1984, una produzione italo- americana ha realizzato un serial a puntate su "*Gli ultimi giorni di Pompei*", con attori del calibro di Laurence Oliver e Franco Nero. Nel 2007 da Raiuno è stata trasmessa una miniserie in 2 puntate dal titolo "*Pompei*" che fa parte del ciclo "*Imperium*" sulla vita degli imperatori a Roma; e nell'ottobre del 2010 c'è stato il primo ciak per il film in 3D "*Alla ricerca del tesoro di Pompei*". Nel 2007 Polanski con la collaborazione dello scrittore Harris, autore del celebre romanzo "*Pompeii*", scrisse la sceneggiatura per un film destinato al grande schermo, per il cast artistico si fecero i nomi di Orlando Bloom per la parte di Marco Attilio e Scarlett Johansson come controparte femminile, ma a causa dello sciopero degli sceneggiatori, la produzione fu sospesa e, in seguito, annullata definitivamente. Nel 2010 parte del materiale già sviluppato è confluito nella miniserie per la tv della durata di 4 ore prodotta da Ridley Scott. E Pompei, fermata improvvisamente a un giorno del 79 d.C. e fissata per sempre come a un'immane lastra fotografica, è da sempre fonte inesauribile per tutte le possibili ricostruzioni, corrette o storpiate, della civiltà antica.

40. Cosa si mangiava a Pompei?

Come era l'alimentazione tipo di una giornata a Pompei? Se il buongiorno si vede dal mattino, allora davvero

un Pompeiano deve affidare il suo fegato alla protezione della dea locale, protrettrice del cibo, Carna! Si comincia infatti a mettere in moto le mascelle all'alba, con la "*ientaculum*", una colazione sostanziosa a base di pane e formaggio, frutta e carne, spesso recuperando gli avanzi della cena precedente. Poi, 2 passi per smaltire e si apre bottega o ci si reca al Foro per sentire le novità; una puntatina dal *tonsor*, un commento sulle candidature o le elezioni dei duoviri. La mattinata passa così, mentre i profumi provenienti dagli ambulanti e dai *thermopolia* si fanno sempre più irresistibili, e, a metà giornata, uno spuntino ci sta proprio bene: salsicce, grosse e saporite; olive in salamoia, speciali perché provenienti dai monti Lattari; focaccine varie; ricottine di fuscella (una prelibatezza ricercatissima ancora oggi); l'immancabile pesce azzurro marinato o fritto in pastella; salsiccette di cinghiale o di maiale e poi il solito bicchierino alla *Caupona* di Asellina. Poi gli ultimi acquirenti o committenti, le faccende da sbrigare prima di chiudere bottega, le chiacchiere alle terme e poi a casa, per il pasto principale! Di solito un antipastino, un piatto di portata e a letto: questa è la "cena" tipo di un Pompeiano. Ma quando c'è una ricorrenza particolare, arrivano amici e vicini, allora si sa quando inizia, ma non quando finisce l'abbuffata, dall'antipasto al dolce! *L'incipit* lo dà il "*gustum*" o "*gustatio*". Sacre e intocca-

bili sono le uova, con contorno di tutte le verdure e gli ortaggi freschi di stagione presi dall'*hortus* di casa. Dall'antipasto si passa al primo (*primae mensae*), il piatto forte resta il pesce, soprattutto il pescato, freddo o caldo, persino con ostriche affogate nei giganti e profumatissimi limoni della non lontana *Surrentum*. E visto che il banchetto è particolarmente sontuoso, si portano in tavola anche carni varie, non solo di animali da aia, ma anche di selvaggina di cui abbondano il Vesuvio e i Lattari, e pietanze esotiche a base di gru, fenicotteri, pappagalli e pavoni! Infine, ecco fare il loro ingresso trionfale i dolci (*secundae mensae*), annaffiati da abbondante *Falernum*, un vino che lo stesso Bacco incentivò trasformando le pendici del Massico in rigogliosi vigneti. La serata continua con il simposio, in cui alla mescita di vino - sempre annacquato - si accompagna ancora qualche cibo, come i porri, che stimolano la voglia di bere. Poi, dopo lo "show" d'obbligo del *conviva eructans* (con un po' di fantasia....), a conferma del gradimento della cena, ognuno rientra a casa raccogliendo in una "mappa" la propria porzione di avanzi della serata e pregustando la colazione dell'indomani. E il ciclo ricomincia...

41. L'imperatrice Poppea Sabina a Pompei

La storia dell'ambiziosa e spregiudicata seconda moglie dell'imperatore Nerone, Poppea Sabina, si intreccia

a quella di Pompei. La sua famiglia era di quelle parti, come dimostrano le numerose case in città, distanti tra loro poche decine di metri, che sono considerate di proprietà dei *Poppaei*. Tra queste la Casa di Pansa, quella degli Amorini Dorati, e la maestosa costruzione di oltre 2000 m², nota come Casa del Menandro (I 10, 4) appartenente allo zio di Sabina, Quinto Poppeo. L'uomo, che usava laccare le unghia con colori a base di oro, era tanto famoso che bastava dire il *fulbunguis* "*dalle unghia fulve*", nomignolo che troviamo affibbiato in un'iscrizione dipinta sul muro esterno della casa, per comprendere chi fosse la persona di cui si parlava. Numerosi sono i graffiti sui muri di Pompei in cui si manifesta affetto per quella che in pochi anni, sposando Nerone, era divenuta la nuova imperatrice di Roma. "*Che ti sia concesso di essere sempre in fiore, o Sabina, e di conservarti giovane eternamente*". Di contro, i nemici, che pure formavano una folta schiera, non si lasciarono scappare l'occasione di sottolineare con durezza "*Sabina, non fai bene*". Perfino nella citata Casa del Menandro sulla parete di una stanza si legge una frase augurale per Ottavia, prima moglie di Nerone che questi fece uccidere proprio per sposare la bella pompeiana... Uno dei segnali di benevolenza di Poppea per la sua città, fu l'invio di un gioiello unico: una lucerna d'oro straordinaria per dimensioni e valore, che venne recapitata dai suoi parenti al santuario di

Venere Pompeiana nel 64 d.C. Compatibilmente con gli impegni mondani, con una certa frequenza, la divina Poppea si faceva vedere nella lussuosissima villa di *Oplontis*, rinomata stazione termale poco fuori Pompei. Qui immersi tra il verde delle pendici del Vesuvio e l'azzurro del golfo di Napoli, viveva il "jet set" della Roma imperiale. Qui la padrona di casa trovava il tempo e il piacere di dedicarsi ad un bagno in mare, un altro nella grandiosa piscina olimpionica ed un altro, forse, nel mitico latte di asina! Questa villa si compone di oltre 100 ambienti modulati da un'architettura grandiosa e raffinata e arricchiti da pitture parietali di grande effetto artistico e cromatico. Qui, si narra che la divina Poppea trovò la morte proprio nell'eruzione del 79 d.C.: abbandonata da tutti i servi, non riuscì a sfuggire alla furia del vulcano!! E, se è pur vero che gli scavi nella villa non hanno restituito il suo scheletro, leggenda vuole che la carrozza imperiale fu trovata ancora all'interno dell'abitazione…

42. La vendita delle scarpe

Dai *Praedia* di *Julia Felix* (II, 4, 3), esattamente dall'*atrium*, ecco questa scena di vendita di scarpe, oggi al Museo Archeologico di Napoli, felicissima testimonianza di un commercio vivace e folkloristico per le strade di Pompei. Un commesso mostra con orgoglio come sono bene impilate le scarpe, nel "negozio" l'attività va a gonfie vele! A ridosso di un portico (forse quello del Foro) una scena, comune nei quartieri di Napoli fino a qualche decennio fa: un uomo, il titolare stesso, è inginocchiato a servire il cliente calzandogli la scarpa, mentre un giovane ragazzo sembra in ossequiosa attesa. Dal dinamismo degli atti e dei gesti di tutti, sembra di sentire le voci della strada e della vita: "*No! non calzo 44, ma per la precisione 43 e ½.*". Le avrà comprate subito il cliente quelle scarpe? Esistevano come oggi i numeri? Tutto artigianato locale, tutto fatto a mano! E per le signore? Sandali alla schiava? Conclude il fregio un piccolo bozzetto sulla destra con un personaggio seduto che tiene una *tabula scriptoria*, una di quelle tavolette in cui incidere con lo stilo i propri o gli altrui pensieri. Il suo sguardo rivolto in alto lascia intendere che sia assorto, intento forse a riprodurre il disegno della statua equestre che si intravede (uno studente di belle arti?), oppure ad ascoltare le richieste della persona dritta di fronte a lui. In tal caso è uno scrivano ambulante, forse pagato per scrivere una lettera d'amore o d'altra natura di un committente poco scolarizzato. E viene da domandarsi perché la titolare della grande casa-albergo, autrice del bizzarro avviso di locazione "*affittasi bagno elegante per gente perbene, botteghe con abitazione soprastante, appartamenti al primo piano*" fece dipingere l'intero mondo quotidiano di Pompei nel suo atrio. Un altro modo per attirare clienti? Pompei vende scarpe, disegna, suona per le strade, si ubriaca, maledice, ama, studia, ozia, canta, vende e compra, si svuota e si riempie, invoca gli dei, cammina e si ferma né più né meno che una città di oggi. Ma di straordinario c'è che è una città di ieri anzi, di tanti ieri fa... non smette di pulsare di vita!

43. Il Larario del Sarno

È un Larario talmente piccolo da rischiare di passare inosservato, il sacello dedicato alle divinità domestiche

che ha dato il nome all'omonima casa, detta appunto del Larario del Sarno (I, 14, 7). Come tutte quelle affacciate sulla laboriosa Via di Castricio, la dimora è modesta, abitata da lavoratori o piccoli imprenditori attaccati alle tradizioni e "eredi" dei grandi ricchi sfollati dopo il terremoto del 62 d.C. L'edicola, collocata alla fine del corridoio oltre l'atrio, è di una semplicità sconcertante rispetto ad altri larari molto più sfarzosi (quello della vicina Casa del Menandro ad esempio), ma è deliziosa, addirittura con un piccolo fossato tutt'intorno da riempire d'acqua per ricordare il corso del fiume Sarno. L'aspetto che rende speciale il larario è il soggetto che vi è dipinto: il trasporto sul Sarno che in antico doveva essere navigabile, almeno fino all'eruzione del 79. d.C. quando dopo il totale sconvolgimento del corso del fiume, se ne perse anche per molto tempo la riconoscibilità idrografica. Ma perché il committente aveva scelto questo tema per il larario domestico? Il dio del fiume Sarno appare concentratissimo sul proprio lavoro di versare acqua da un recipiente nel canale sottostante, che

alimenta a sua volta il fiume, e sembra olimpicamente indifferente a ciò che si svolge dall'altra parte della scena. Una barca con derrate alimentari non precisabili (forse olive), con a bordo due muli da soma e due marinai; più avanti 3 uomini a terra, che si passano un canestro; mentre altre 2 piccole figure, sulla destra, stanno pesando delle ceste su una bilancia che poi appendono alle scale. L'unico personaggio vestito con tunica lunga, il *dominus*, è intento a dirigere e sorvegliare il lavoro degli altri. Si tratta della rappresentazione dell'intera *familia* con tanto di schiavi, per la quale si invoca la protezione dei Lari, le divinità della casa, cui si offrono quotidiani sacrifici. Gli dei familiari e il dio del fiume Sarno sono gli artefici del successo e del benessere dell'intera casa: il *dominus* possiede una barca, due muli, 6 servi ed è proprietario di una piccola impresa agricola che produce anche per i mercati delle città vicine! Quale orgoglio doveva albergare nell'animo riconoscente di quei servi, che quotidianamente si vedevano effigiati nel larario domestico accanto al loro rispettabile *dominus* in un raro discorso di affetto reciproco!

44. Aulo Umbricio Scauro produttore di *garum*

Quante volte avete sentito nominare il *garum*!! A Pompei quello migliore lo vende *Aulus Umbricius Scaurus*, uno che lo pubblicizza anche sul mosaico dell'*atrium* della sua casa, panoramicamente costruita a cavallo delle antiche mura della città!! Il famoso commerciante ha fatto raffigurare ai quattro angoli dell'*impluvium* le ampolline usate per la conservazione del condimento, con su scritto il suo nome "*Scaurus*" e l'espressione "*liqua(minis) flos*", "*fior di liquame*". Del *garum* esistono diverse varietà dalla salsa più densa, meno pregiata a quella più liquida e raffinata. Apicio, che ci ha trasmesso una serie di ricette antiche, non ne parla dando per scontata la preparazione. Nella tavola romana il *garum* è onnipresente ed è impiegato per insaporire pietanze a base di carne, pollo, agnello e verdura! Il condimento si ottiene attraverso una fermentazione delle interiora di numerose varietà di pesce (sardine, acciughe, trigliette, spigole cui sono aggiunti tonni, sgombri, storioni e murene), preventivamente salate, esposte al sole, poi misturate con aglio, mentuccia, alloro, sedano, semi di finocchio, pepe nero e infine con una spruzzatina di aceto. I Pompeiani prediligono la salsa "liquidissima", di cui si servono in gocce come un autentico elisir, e della quale cui sono diventati produttori ed esportatori incontrastati. Umbricio, grande sostenitore dei giochi dei gladiatori, all'inizio della sua carriera era ricorso a non pochi stratagemmi per vendere la propria merce. Arricchitosi con l'"oro di pesce", si era trasferito nella nuova e lussuosa abitazione provvista di peristili, ampi giardini, ricche stanze e del laboratorio di produzione del *garum*. Qui

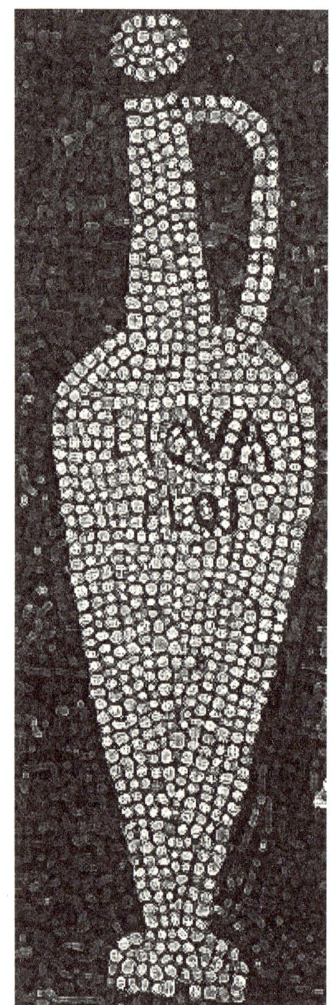

arrivano i carretti carichi di pesce che era depositato nel cortile in attesa di essere trattato. Vi sono rimaste 6 giare seminterrate, chiuse da coperchi in terracotta, ancora piene del prezioso *liquamen*. Nell'orto retrostante si scorge ancora un cumulo di anfore capovolte, di forma varia, in attesa del riempimento, e persino l'imbuto usato. Il *garum* di Umbricio è il migliore della zona, ambito a Roma e esportato anche in molte zone del Mediterraneo. Grazie a questo commercio Umbricio ha raggiunto un livello molto alto nella scala sociale ed economica della città, tanto da guadagnarsi in epoca neroniana il titolo di *duovir*!

"Si usino pesci grassi come sardine e sgombri cui vanno aggiunti, in porzione di 1/3, interiora di pesci vari. Bisogna avere a disposizione una vasca ben impeciata, della capacità di una trentina di litri. Sul fondo della stessa vasca fare un altro strato di erbe aromatiche disseccate e dal sapore forte come aneto, coriandolo, finocchio, sedano, menta, pepe, zafferano, origano. Su questo fondo disporre le interiora e i pesci piccoli interi, mentre quelli più grossi vanno tagliati a pezzetti. Sopra si stende uno strato di sale alto due dita. Ripetere gli strati fino all'orlo del recipiente. Lasciare riposare al sale per sette giorni. Per altri giorni mescolare di sovente. Alla fine si ottiene un liquido piuttosto denso che è appunto il "*garum*". Esso si conserverà a lungo".
Ricetta da Marziale

45. A che serve a Pompei un altro teatro più piccolo?

Molti se lo saranno chiesto e molti conoscono anche la risposta. L'*Odéion* è un piccolo teatro coperto che

accoglieva un pubblico ristretto e raffinato di circa 1.300 persone, dove si svolgevano recitazioni di poesie accompagnate dal suono della cetra e spettacoli di mimi. Venne costruito accanto al Teatro Grande dopo la fondazione della colonia di Pompei (80 a.C.), per iniziativa dei duoviri *Caio Quinzio Valgo* e *Marco Porcio*, gli stessi che fecero costruire anche l'Anfiteatro. Quello che molti non sanno è che nell'intonaco di rivestimento del muro esterno del complesso teatrale, ci sono una moltitudine di graffiti lasciati dagli antichi frequentatori come ricordo del proprio passaggio! Si tratta di persone provenienti anche da molto lontano, un gruppo di iscrizioni è addirittura in lingua safaitica, una lingua pre-islamica!! Belli i versi firmati da un certo *Tiburtinus*, che, ispirato dalle vicende amorose dei mimi, scrisse: "*Se sai cosa possa l'amore, se ti riconosci come un essere umano, abbi misericordia di me, dammi venia di arrivare….*" Nel mimo gli attori rappresentavano le azioni salienti di un breve testo che veniva letto accompagnato dalla musica. I mimi recitavano senza maschere e a piedi nudi, ed era il solo spettacolo a cui potevano prendere parte anche le donne. Esattamente come oggi, gli attori erano delle vere celebrità, ricevevano particolari onori ed avevano diritto alla cittadinanza. Un'epigrafe dall'osteria di Purpurione attesta i "*paridiani*", sostenitori dell'attore Paride, un teatrante di successo noto anche da Tacito. Un altro pantomimo era signore delle scene vesuviane, *Actius Anicetus*, con la sua compagnia e il suo fans-club, gli *Actiani Anicetiani*. E, ancora, uno dei pochi, se non l'unico ritratto di attore di farse burlesche (*Atellane*) giuntoci dall'antichità, proviene proprio dal tempio di Iside di Pompei. Si tratta dell'erma in bronzo di *Caio Norbano Sorex*, ricordato da Plutarco per essere l'attore preferito di Silla.

46. Numerio Popidio Celsino e Iside

Si narra che sia stata la visita al tempio di Iside, rivenuto a Pompei durante gli scavi nel 1764, a suggestionare

la fertile fantasia del quattordicenne Mozart, dandogli lo spunto, ventuno anni dopo, per la scenografia de *Il flauto magico*. E che, pochi decenni dopo la scoperta del tempio a Pompei, una ricostruzione quasi identica, il cosiddetto Tempio Romano, venne inserita nel Giardino Inglese della Reggia di Caserta. Come che sia, il ritrovamento a Pompei del primo vero tempio egizio, ricco di richiami al mondo nilotico e all'antica civiltà faraonica, non ancora scoperta, suscitò grande scalpore ed interesse nei grandi viaggiatori dell'epoca! La costruzione originaria del tempio risaliva al II secolo a.C. ma, completamente raso al suolo dal terremoto del 62 d.C., era stato restaurato grazie all'intervento finanziario di uno scaltro e intraprendente liberto: Numerio Popidio Ampliato. Il *parvenu* non aveva mancato di rendere pubblica la sua prodigalità tramite una gigantesca iscrizione posta sull'architrave della porta d'ingresso dell'edificio stesso. Allora, come oggi, la ricchezza significava potere: la munificenza mostrata da Ampliato alla città doveva valere al figlio Numerio Popidio Celsino, di soli 6 anni, l'accesso nell'ambito senato cittadino. Senza riserbo, Numerio Popidio

Celsino sfila insieme a sacerdoti e sacerdotesse del culto in una simbolica processione dipinta nelle pareti del recinto porticato che racchiude il tempio. Una processione famosa per la sua ricchezza e il suo fasto si svolgeva realmente il 5 marzo in onore della dea: alla fine dell'inverno, Iside, protettrice anche dei naviganti, era portata sin sulla spiaggia, dove era messa in mare la sua nave recante una preghiera propiziatoria per la ripresa della navigazione. Il tempio di Iside a Pompei è stato colto dall'eruzione nel pieno della sua funzionalità: l'altare principale del santuario, al momento della scoperta, conservava ancora la cenere e le ossa bruciate delle vittime animali offerte alla dea!

47. "*Non venderei mio marito per tutto l'oro del mondo*"

Davvero fortunato il proprietario di questa casa pompeiana, meno nota di altre per la devastazione cui è

andata soggetta, ma resa speciale dall'amore che vi albergava prima della catastrofe! Che l'abitazione fosse di *D. Caprasius Primus* (VII 2, 48) lo dice il sigillo con il suo nome rinvenuto in una delle stanze affacciate sull'*atrium*: un venditore di vino, con una bella casa, ma soprattutto con una moglie innamoratissima, come apprendiamo dal graffito *virum vendere nolo meum quanta quantique* ("*non venderei mio marito per tutto l'oro del mondo*"). C'è una consapevolezza dei propri sentimenti, in questa donna di 2000 anni fa, di certo più vicina al nostro modo di concepire e sentire l'amore di quanto non avvenisse a Roma e altrove, dove quasi ogni unione coniugale risentiva di maneggi e di giochi di interesse. Qui, alle falde del Vesuvio, invece, si respira aria di vera intesa! Il marchio "moderno" di questa dedica pompeiana è proprio l'affermazione dell'unicità della persona amata e la dolce consapevolezza di non poter amare nessun altro. Nulla può competere con le ragioni del cuore, e ad un commovente "*quanta quantique*" una donna qualunque affida la cifra della insostituibilità dell'amato. Questione di classi sociali? Sì, forse è così, più in alto si sale e più prevale il calcolo delle prospettive di racimolare a lungo e medio termine consensi per fini politici, o dote, o prestigio sociale. A Pompei, dove la popolazione è invece più distante dalla cupola del potere, ecco che dai muri della città gronda amore quasi come solo nei versi di Catullo è dato leggere e trovare. Si potrebbe obiettare, che su questo muro della *domus* di Caprasio Primo, VII 2, 48, noi leggiamo di certo non la vita, ma un giorno d'amore, non un poema, ma un verso d'amore: ma ci basta per eleggere questa anonima *mulier* a vestale dell'amore coniugale!

VIRUM VENDERE NOLO MEUM
QUANTA QUANTIQUE

48. Un giorno al *Macellum* di Pompei

Si accede tramite 2 ingressi aperti sul portico orientale del Foro di Pompei al *Macellum*, il mercato stabile

della città. Il muro che circonda l'ampio cortile porticato è stato restaurato e ridecorato dopo i danni del terremoto con pitture che presentano quadri mitologici e nature morte con uccelli e pesci. Proprio quei pesci che sono puliti e venduti nel padiglione dodecagonale posto al centro dell'edificio e sostenuto da pali di legno ancorati a basi in pietra! I banconi per la vendita del pesce sono sempre fatti di pietra pregiata e dura, necessaria per pulire bene e mantenere l'igiene. Ma non solo il mercato ittico, anche altre attività commerciali si concentrano nel *Macellum*, nelle botteghe di generi alimentari situate lungo il lato meridionale, nella sala per le vendite all'asta, o sotto i portici occupati dai cambiavalute. E, altra funzione dell'edificio, è quella religiosa: nei 3 sacelli disposti lungo il lato di fondo, dove sono state rinvenute statue della dinastia flavia, si pratica il culto dinastico dell'imperatore, officiato dai *ministri augustales*. Ma andiamo, oggi si va al mercato a comprare il pesce! Nella confusione generale di chi urla, invita clienti a vedere la mercanzia, scivola sul pavimento bagnato, ci avviciniamo alla *tholos* centrale, dove è esposto del pesce bellissimo. Accanto a noi un signore, anche lui attirato da quel ben di dio, chiede al pescivendolo il prezzo, che gli viene indicato in 100 nummi! Rifiuta, e lo ottiene per 20 denari. Al signore, che ha appena acquistato il pesce, si fa incontro un tizio che si qualifica come suo vecchio compagno. Questo nuovo arrivato, un uomo dal fisico atletico, festosamente gli è addosso e lo abbraccia e bacia con affetto. Dalle parole che i due si scambiano comprendiamo che si tratta dell'edile della città, magistrato addetto proprio all'annona e al controllo dei prezzi. L'edile per dimostrare all'amico il suo potere, castiga il pescivendolo, che a suo parere, ha venduto a caro prezzo un prodotto scadente!

49. La colonna pompeiana in Giappone…

Che Pompei con i suoi oltre tre milioni di visitatori all'anno (pari ad un incasso annuo di circa

30 milioni di euro!) sia il sito archeologico più visitato al mondo, è cosa nota. Che la parte del leone in questi traffici la facciano gli stranieri e, in gran parte, i Giapponesi, è pure risaputo. E che spesso i reperti archeologici pompeiani fanno il giro del mondo come ospiti di riguardo delle tante mostre per poi fare frettolosamente ritorno a casa, non è una novità per nessuno. Ma c'è una storia singolare su un monumento di Pompei che dimora stabilmente in Giappone, che vale la pena raccontare. La vicenda ha inizio il 23 agosto del 1868 in Giappone, il paese è dilaniato da una sanguinosa guerra civile. Il "reggimento della tigre bianca" (chiamato Biakkotai), un manipolo di 20 samurai con un'età compresa tra i 15 e i 17 anni, dopo avere perso la battaglia, preferisce il suicidio collettivo all'onta della resa. Ecco che ora entra in ballo Pompei. Nel 1928 Mussolini venuto a conoscenza di questo suicidio rituale, decide di farne un *exemplum* di virtù e fedeltà, e per testimoniare la sua ammirazione, dono' alla loro memoria una colonna romana (sormontata da un'aquila bronzea), proveniente da Pompei. Il dono fu particolarmente gradito e la colonna pompeiana, posta sulla collina di Limori dove i 20 giovani sono sepolti, è detersa ogni mattina e viene a tutt'oggi celebrata annualmente con una grande festa. Nel basamento in marmo di Carrara che alloggia la colonna-cenotafio si legge: "*Nel segno del littorio, Roma, madre di civiltà, con la millenaria colonna, testimone di eterna grandezza, tributa onore imperituro alla memoria degli eroi di Biacco-tai. Anno MCMXXVIII VI era fascista*". Su un altro lato è incisa una poesia "*Non importa quante persone hanno lavato le pietre con le loro lacrime, questi nomi non potranno mai sparire dal mondo*".

50. *L'officina quactiliaria di Marcus Vecilius Verecundus*

In Via dell'Abbondanza c'è l'*officina quactilaria* di *Verecundus*: si fabbricano stoffe, oggetti di feltro e tessuti utilizzati per confezionare toghe, tuniche, mantelli e nastri. La bottega è sul davanti mentre la tintoria nel vicolo, è moderna con macchinari e operai specializzati. Faceva un altro mestiere prima *Verecundus*, poi s'è riciclato da oste in fullone. Un brutto carattere e molto attaccato ai soldi, ma conosce i posti migliori in cui si coltivano il lino e la canapa, conosce la procedura di lavaggio delle stoffe con la cenere e la saponaria, ed è un maestro nel lavorare il lino di ginestra: una vera sciccheria! Come "mordente" per tingere usa allume di potassio egiziano e come ammoniaca raccoglie, come è usanza ma con discrezione, l'urina dei passanti. Nel ramo tintorio ricorre a curcuma ed henné, non disdegna però di tingere la lana anche in fiocco, e l'acero per lui non ha segreti. Lancia colori caldi dal giallo al marrone, così come diffonde tra le matrone colori pastello molto belli, dal rosa, ricavato dal malvone, al verde, ottenuto con i fiori di camomilla. E poi l'insegna è da sola una garanzia, con tutto quello che gli è costata! Tutta una parete, ben protetta da una tettoia ad hoc, raffigura Venere Pompeiana su una quadriga a forma di prua di nave, tirata da quattro splendidi elefanti! Ai lati l'immagine di *Fortuna* e del *Genius*, e sotto, la pubblicità della sua attività di fullone. Dalla rifinitura a pettine, passando per la tintura, fino alla confezione del prodotto, infine la sua stessa immagine con il graffito: *M(arcus) Vecilius/ Verecund/ us vestiar(ius)*, come dire "*da Marco Vecilio rispettabile sarto*". Lo showroom dello stilista pompeiano è dunque il top che si può chiedere all'eleganza e alla bellezza dei tessuti, da lui si esce vestiti e calzati a tutto punto!! E la bella tettoia, cui s'è già accennato, ombreggia ingresso e ambienti, consentendo anche alle signore di ammirare le stoffe quando escono fuori, senza bagnarsi quando è brutto tempo, o senza cuocersi quando il sole picchia forte!

51. La nave Europa

Sui muri di Pompei, i migliori testimoni della vita giornaliera, si possono scorgere i segni, o i disegni di

una mano talora infantile, talora adulta, realizzati con un coltello o con un qualsiasi chiodo ben appuntito. E il più bel graffito mai eseguito, fu inciso nella parete nord del peristilio di una casa situata su una traversa di Via dell'Abbondanza (I, 15). Il disegno riproduce una grande nave oneraria mentre naviga a vele spiegate con la scialuppa al traino, anch'essa munita di vela. Sono visibili molti dettagli strutturali dello scafo e dell'attrezzatura, e perfino il nome è apposto in una tabella sulla linea del tagliamare. La nave si chiama Europa, come l'eroina greca rapita in mare da Giove camuffato da toro. Sulla sua esecuzione, che non fu opera né di un ragazzo né di un dilettante, nulla si sa, ma è probabile che l'autore sia un armatore, un ingegnere navale o comunque un esperto dell'arte della navigazione, poiché il graffito ci dà un'esatta idea di come era strutturata una nave nel 79 d.C. Una curiosità: sulla nave "Europa" c'è una specie di gritta, o di nicchia, o di chissà quale stramberia disegnata sul castello di poppa, davanti alla

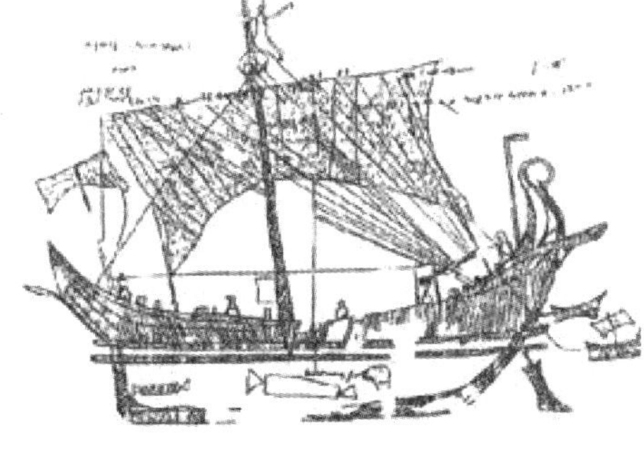

probabile cabina del comandante, di cui, per molto tempo, non fu chiaro il significato. La risposta venne dagli scavi su un relitto di nave antica: proprio in quel punto, a poppa, venne fuori un'ara di marmo, con una lampada di bronzo, colonnine e ammennicoli vari. Il graffito di Pompei riuscì allora chiarissimo: il bravo marinaio ci aveva messo proprio tutto, perfino l'altare, che le navi antiche avevano a bordo. Quante altre cose ci sono ancora ignote? Una nave è sempre la più alta espressione del grado di conoscenze tecnologiche di un popolo, in un determinato momento della sua civiltà. Se i nostri posteri del 5000 esplorassero il relitto dell'Andrea Doria otterrebbero, in mancanza di altre fonti, le informazioni più precise su ciò che gli italiani erano in grado di sapere e di fare intorno alla metà del ventesimo secolo: metallurgia, idrodinamica, elettronica, meccanica, meteorologia, alimentazione, economia, commercio, religione… in una grossa nave c'è tutto: una pagina completa di civiltà e di scienza!

52. Il mondo femminile a Pompei

Camminando per le vie di Pompei, in un posto così stranamente vivo, viene da chiedersi come era la vita

di un'antica donna pompeiana. A Pompei è responsabile del benessere della famiglia e del buon andamento della casa: deve curare i figli, controllare il lavoro degli schiavi, preparare vestiti, organizzare le cerimonie sacre, curare la dispensa e la farmacia di casa. Dai graffiti sui muri sappiamo che a Pompei le donne partecipano alla vita politica e alle campagne elettorali, anche se non hanno il diritto di voto. Ma molte donne, soprattutto quelle delle classi più alte, possono seguire lezioni private e circa il 20% di esse, in città, sa leggere e scrivere. Le donne ricoprono cariche sacerdotali pubbliche, partecipano alla vita finanziaria e commerciale della città e sono impegnate in attività imprenditoriali. Ma il *mundus muliebris* pompeiano è anche molto attento alla bellez-

za e non pochi sono i ritratti femminili da cui emerge la volontà della donna di essere ritratta al top del suo fascino, con i gioielli in oro e pietre dure, gli ornamenti o le acconciature "in" che meglio possano esaltarne la bellezza. Noi donne! La cura del corpo prevede la depilazione, l'uso di sostanze abrasive per eliminare le impurità, massaggi ed unzioni con varie essenze. La capigliatura viene trattata mediante pettini in osso, spazzole, spilloni e talvolta parrucche. Si ricorre anche a tinture di origine vegetale. I particolari del viso vengono fatti risaltare con ombretti e tinte varie. E a proposito di donne, c'è una tomba nella necropoli di Porta Nocera, in cui ad una donna così, bella e pudicamente vestita, il marito inconsolabile dedica i seguenti versi trovati su una stele funeraria: "*straniero, non ho molto da dirti. Fermati e leggi. Questa è la tomba non bella di una donna bella. I suoi genitori la chiamarono Claudia. Amò suo marito con tutto il suo cuore. Allevò due figli. Uno di questi lo lascia sulla terra, l'altro lo ha seppellito. Parlava deliziosamente, camminava con grazia. Fece la lana e si occupò della casa. Ho finito, prosegui pure.*" Avrebbe mai potuto credere quel marito, devoto alla memoria della sua bella e pudica Claudia, che le virtù della moglie sarebbero tate note ai passanti stranieri di quasi 2000 anni dopo?

53. Pulcinella nel Teatro di Pompei?

Lo sapevate che proprio in Campania fu inventato l'unico genere teatrale veramente originale che il mondo

romano produsse? E che le rappresentazioni di questi spettacoli avvenivano nel teatro di Pompei? La commedia e la tragedia non possono essere di certo considerate un'invenzione dei Romani, che le mutuarono pari, pari dalla Grecia. Ma oltre queste due forme letterarie, un altro genere teatrale incontrava il gusto popolare a Pompei: la farsa popolare chiamata *Atellana*. Il nome lo derivò da una città osca chiamata Atella, dove aveva avuto origine, e che si trovava, appunto, in Campania. Anche se nessun testo di commedia *atellana* è sopravvissuto, sappiamo che doveva trattarsi di "siparietti" basati su schemi e canovacci costanti, affidati per lo più all'improvvisazione, come nella nostra commedia dell'arte! Personaggi fissi con costumi e maschere, dal naso lungo e con ventre prominente, e dal nome ridicolo (Macco, Buccone, Pappo, Dosseno o Manduco), erano dotati di caratteristiche in grado di divertire l'uditorio, pronto a ridere della ghiottoneria o dell'ubriachezza, dei giochi rumorosi e delle battute oscene. E d'altra parte a Pompei le *Atellane* erano un po' di casa, perché potevano essere recitate nell'originale lingua osca, ancora generalmente intesa dai ceti meno abbienti. Un eccezionale ritrovamento a Pompei documenta proprio un gruppo di 15 maschere in gesso, a grandezza naturale, che costituivano i modelli di cui si serviva un antico artigiano per la realizzazione di esemplari destinati alla scena. Significativa è la presenza di una maschera maschile del personaggio comico tipico della farsa atellana, *Buccus*, come si deduce dal nome che è rimasto inciso nel gesso fresco. Il personaggio dal grosso naso adunco, ricorda qualcuno... Ah, si, ecco, ricorda la maschera di Pulcinella, anche se questa è più recente di 1600 anni!

54. Dove vanno a scuola i bambini di Pompei?

Già, dove vanno a scuola i bambini di Pompei, dal momento che non c'é nessun edificio in questa o quella guida della città, indicato come sede della scuola? A Pompei, come a Roma, non c'è una scuola pubblica perché l'insegnamento non è statale come oggi, e tantomeno obbligatorio! Le famiglie molto ricche possono permettersi un *pedagogus*, di solito uno schiavo greco che bada all'istruzione del ragazzo dai 6 fino ai 16 anni. Conosciamo il pedagogo C. Giulio Eleno che teneva lezioni nell'esedra della Casa delle Nozze d'Argento e che, a giudicare dai graffiti incisi da uno scolaro sulla parete, non era esattamente un beniamino!!! Coloro che non hanno soldi per un insegnante privato, sono costretti ad assumere un maestro che faccia lezioni di gruppo ai propri figli. Maestri e precettori non se la passano benissimo: di condizione inferiore a quella dei loro allievi, sono retribuiti con un misero salario di 8 assi mensili (il loro lo stipendio annuale è pari al premio guadagnato in un solo giorno dal vincitore dei giochi al circo!), Forse per questo usano così spesso la frusta!! Vicino al tempio di Apollo si svolgono le lezioni del maestro Sema

che, come tanti, si era preso la briga di educare bambini facendosi pagare una piccola somma dalle famiglie. Il *ludimagister* impartisce lezioni ai suoi giovani allievi tra i colonnati del Foro, punendoli severamente quando serve: a sinistra, i buoni allievi siedono su sgabelli e tengono le tavolette cerate (i quaderni di allora) sulle ginocchia; a destra un cattivo scolaro, appoggiato sulle spalle di un compagno, riceve un'umiliante frustata pubblica. Non c'è che dire, un'istruzione davvero rigorosa… La scuola del maestro Potito era invece frequentata da "figli di papà", Potito era un personaggio conosciuto, benestante che si era messo ad insegnare prendendo in affitto un locale in via Nolana, un piccolo ambiente per una quindicina di allievi. Sulla facciata una scritta avvertiva: "*silenzio, qui si studia! E tu, sfaticato, smetti di guardare il soffitto*!" Pare che Potito insegnasse anche filosofia, sul muro della classe un affresco ritraeva sapienti e filosofi con in mano rotoli di papiro, al centro era rappresentato lui, il maestro Potito, uomo sapiente tra i sapienti!!!! Cassio Saturnino, ricco proprietario della Casa del Fauno e saggio conoscitore di leggi, si era preso la briga di insegnare diritto in un locale della sua abitazione, cercando di avviare i giovani praticanti nella vita del foro. I suoi allievi dovevano imparare la retorica e l'eloquenza, due arti essenziali per futuri avvocati e legislatori...

55. Vip dell'antichità a Pompei

Il 5 novembre del 44 a.C. a Pompei il tempo era pessimo. Ci è noto da una lettera di Marco Tullio Cicerone

indirizzata ad un amico: "*quanto a me*", scrive il celebre oratore e uomo politico del I secolo a.C., "*non mi sono rintanato nella mia villa di Pompei, come ti avevo scritto, prima di tutto per il cattivo tempo: non ho mai visto una stagione peggiore*". E Cicerone a Pompei doveva essere proprio di casa! Là, in una zona poco distante dal convulso centro cittadino, appena fuori Porta Ercolano, possedeva una bella proprietà con una comoda e lussuosa villa. Si dice che Cicerone avesse partecipato all'assedio di Pompei dell'89 a.C. insieme a Silla... E' proprio da questa villa che proviene un famoso mosaico raffigurante dei suonatori ambulanti, con in mano tibia, cembali e un tamburo molto simile a quello usato nelle tamurriate napoletane! Destino volle che quella ricca dimora fosse una delle primissime ad essere colpita dalla nuvola di cenere bollente che piombò su Pompei la mattina del

79 d.C. E che fu anche una delle prime ad essere scavata: il 25 maggio 1748. Cicerone non fu l'unico tra i vip del mondo antico a scegliere di comprare casa nella *Campania Felix*. Si narra che il piccolo Druso, figlio dell'imperatore Claudio e della prima moglie Plauzia Urgulanilla, morì proprio a Pompei, in una dimora di famiglia (la Villa dei Misteri?). Si trattò di una disgrazia in seguito ad un tragico e stupido gioco: il giovane fu soffocato da una pera che aveva tirato in aria e inghiottito tutta intera per farsi bello con gli amici. Un altro personaggio famoso dell'epoca connesso a Pompei è il tribuno militare Tito Suedio Clemente. Il convulso sviluppo urbano di Pompei dopo i danni del terremoto del 62 d.C., aveva portato alla edificazione abusiva dei suoli pubblici da parte di privati, originando numerose controversie. Per riportare l'ordine e ridare a ciascun proprietario i propri beni, spesso impunemente accaparrati da terzi fraudolenti, l'imperatore Vespasiano inviò da Roma il tribuno Tito Suedio Clemente con poteri straordinari. Il suo mandato è scolpito in cippi posti alle porte della città: da buon soldato non si è fermato davanti a nulla, facendo perfino spostare alcune tombe della necropoli di Porta Nocera edificate su suolo pubblico!!

56. Ma che faccia avevano questi Pompeiani?

Sappiamo un sacco di cose di questi Pompeiani, cosa mangiavano, come vivevano, come amavano e

perfino come morirono, ma come erano i loro volti, somigliavano ai nostri? Un bel ritratto di epoca neroniana, che raffigura due coniugi borghesi nelle loro fattezze, nelle acconciature e addirittura nei gesti, può forse aiutarci a svelare questa curiosità. I due vengono comunemente indicati come "Paquio Proculo e sua moglie", per via di un manifesto di propaganda elettorale dipinto all'esterno dell'abitazione che appoggia la candidatura di *Paquius Proculus*, effettivamente eletto come duoviro di Pompei. Secondo altri si tratterebbe piuttosto del ricco panettiere *Terentius Neo*, come rivelerebbe un graffito all'interno della casa. Al di là della sua identità sociale, il personaggio del ritratto era il cittadino più influente del quartiere. Lo dimostra il livello della sua dimora: il pavimento è tutto un tappeto a mosaico; all'ingresso un cane attaccato ad un battente di porta, nell'atrio pannelli con diversi animali. E così i due si fanno ritrarre, come raffinati benestanti,

colti ed alla moda: la donna indossa un manto rosso, una collana di perle con pendente in oro e perle alle orecchie, ha l'acconciatura tipica dell'età neroniana, con i capelli divisi da una scriminatura centrale e raccolti sulla nuca, salvo gli stretti riccioli che scendono sulla fronte, ed ostenta cultura portando vezzosamente alle labbra uno stilo, secondo un'iconografia creata per le poetesse e le muse. L'uomo è vestito della toga che lo qualifica come cittadino romano e che ne indica la dignità di *magistratuus*, e tiene ben in vista il *Rotulus*. Nonostante tutto, però, i tratti somatici, resi dall'autore con voluta fedeltà, tradiscono la provenienza provinciale dei 2 parvenus, probabilmente sanniti, che, una volta conquistato il benessere economico, ambiscono a mascherare le proprie umili origini e ad entrare a pieno diritto nella buona società. L'effetto d'insieme è poco convincente, quasi un fotomontaggio con sagome dipinte da "luna-park" e il risultato è giusto il contrario: la posa goffa della moglie e la rozza e scontrosa durezza contadina del marito!

57. Giuseppe Garibaldi a Pompei

Da Bill Clinton a Leonardo Di Caprio, da Goethe a Pablo Picasso... E si, tra i tanti (e tra i primi) visitatori

illustri degli scavi di Pompei c'è anche lui, l'eroe dei Due Mondi, Giuseppe Garibaldi. E, tra le tante storie di Pompei che non finiscono mai di stupire, c'è anche questa, che testimonia il piccolo contributo fornito da questo straordinario sito archeologico al processo di unificazione del nostro paese! È il 12 settembre 1860, siamo in piena "Spedizione di Mille" per conquistare il regno delle Due Sicilie, e Garibaldi è entrato come un liberatore a Napoli da appena 5 giorni. Il condottiero, spinto anche dalle intuizioni di un intellettuale europeo come Alessandro Dumas, compren-

de immediatamente l'importanza politica dell'eccezionale patrimonio culturale presente in Campania per il processo di unificazione e di costruzione di un'identità e una coscienza nazionali. E, con un decreto firmato in qualità di dittatore del sud d'Italia, nazionalizza il museo di Napoli e gli scavi di Ercolano e Pompei, affidandone la cura al Ministro della Pubblica Istruzione. Pochi giorni dopo Garibaldi nomina l'amico Dumas "direttore onorario" dell'area archeologica pompeiana, mettendogli a disposizione un primo stanziamento per riprendere gli scavi e superare lo stato di abbandono in cui versa l'antica città. Il 16 settembre 1860, Garibaldi scrive: «*Visto che gli scavi di Pompei sono miseramente abbandonati da più mesi con dolore del mondo studioso e con danno delle popolazioni circostanti, considerando che la nostra rivoluzione deve essere veramente italiana, cioè degna della patria delle arti e degli studi, decreta che agli scavi di Pompei, proprietà nazionale, sono consacrati 5000 scudi annui, ed i lavori debbono essere immediatamente ripresi.......*». A quell'epoca gli ettari scavati erano 22 e, facendo un calcolo, la somma stanziata da Garibaldi è pari a circa 110.000 euro (un pastore guadagnava 6 lire al mese)! Oggi sono scavati 44 ettari sui 66 complessivi. E i problemi di gestione restano di preoccupante attualità! Successivamente alla firma del decreto, il 25 settembre 1860 Giuseppe Garibaldi e il figlio visitarono l'area archeologica di Pompei; un fotografo napoletano pregò Garibaldi di fermarsi per uno scatto. Garibaldi acconsentì.

58. La tomba di Caio Vestorio Prisco

Al giovane magistrato Caio Vestorio Prisco, morto nel 75/76 d.C. all'età di 22 anni nelle sue funzioni di

edile (amministratore per la cura di strade, edifici, ordine pubblico), la municipalità offrì il suolo per edificare la tomba presso la necropoli di Porta Vesuvio, ed una somma di 2000 sesterzi per i funerali, che vennero amministrati dalla madre Mulvia Prisca. A questo scopo la matrona si impegnò davvero con accanimento nella celebrazione dello stato sociale del figlio. Nel recinto che racchiude il basamento e l'altare, il giovane rappresentato frontalmente, imponente, come un funzionario in udienza è lui, Vestorio Prisco. Non a caso la madre scelse la celebrazione politica per eternare il ricordo del figlio, poiché la dignità di una magistratura significava il riconosciuto *status* sociale di un borghese "come si deve". Due gladiatori si affrontano, in ricordo dei giochi offerti dalla municipalità in suo onore in occasione del suo funerale, ancora dipin-

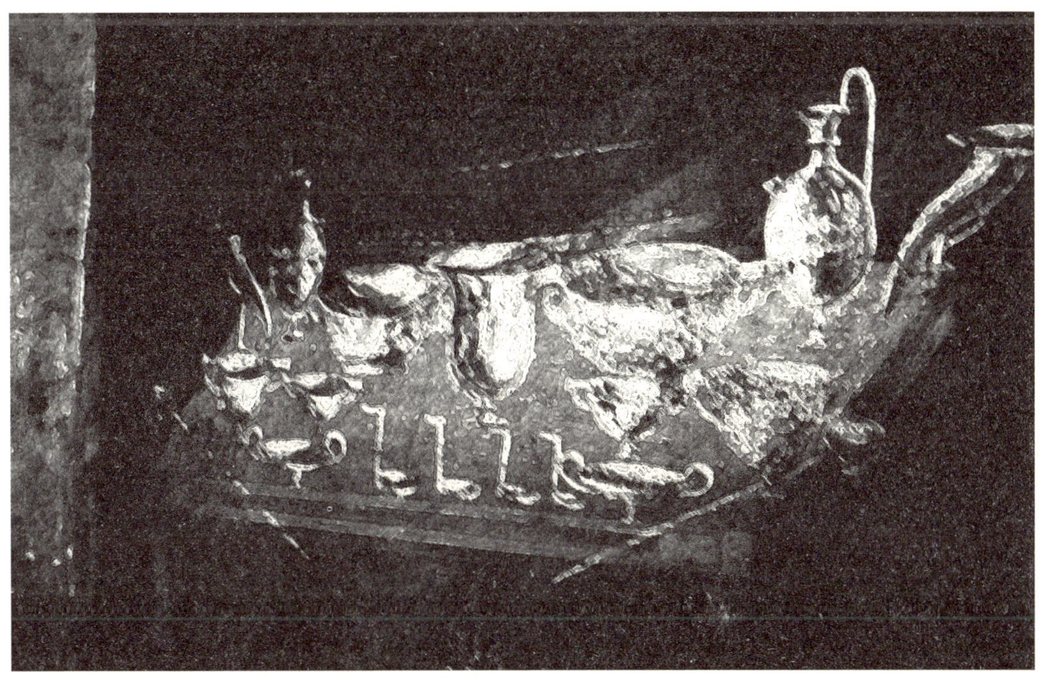

ta l'ostentazione di un pubblico riconoscimento. A parte, su un tavolino è raffigurato, fin nei minimi particolari, uno stupendo servizio d'argento, segno dell'antica ricchezza della sua casa. Attraverso la monumentalizzazione degli edifici funebri si esprimevano la concorrenza reciproca e le differenze di rango. E' anche vero che presso il luogo della sepoltura veniva effettivamente consumato un banchetto funebre che simbolicamente si offriva agli dei e al defunto. Dirò di più. In molte tombe esisteva un condotto che collegava il terreno con l'urna entro la quale erano le ceneri del defunto, così che a questo potessero giungere le libagioni offerte in occasione delle cerimonie funebri. Il periodo per la commemorazione dei defunti era quello dei *Parentàlia*, che durava dal 13 al 21 febbraio, durante il quale ogni famiglia banchettava presso la tomba dei genitori e degli altri congiunti morti, in una simbolica unione.

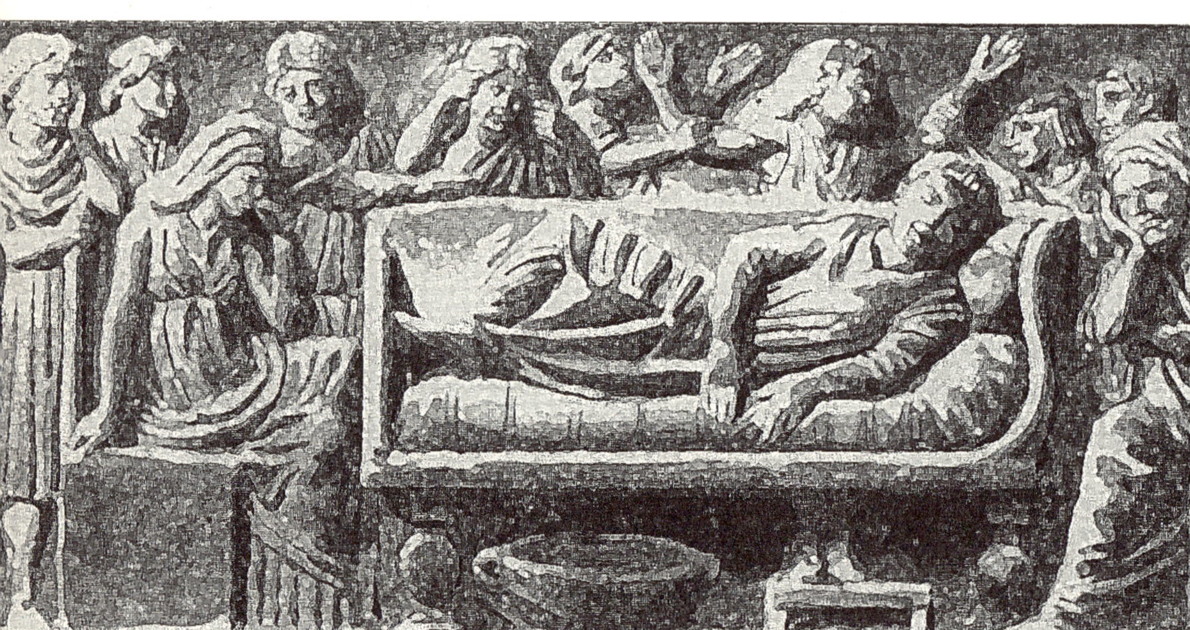

59. Il *tonsor* P. Cornelio Faventino

Il barbiere P. Cornelio Faventino che ha aperto la sua *Tonstrina* a due passi dall'Anfiteatro, sotto il portico

della Palestra Grande, ha fatto davvero un buon affare: qui gente arriva da tutta la campania (Nola, Nocera, Acerra, Avella, Stabia, Sorrento) per assistere agli spettacoli e, nei giorni normali, l'ombra dei grandi platani invoglia anche molti Pompeiani a passeggiare... Un *tonsor* lavora senza interruzione dall'alba all'ottava ora (ore 13) e i clienti sono davvero numerosi, tanto che Faventino ha sistemato tutto intorno alla bottega degli sgabelli e delle panche per chi deve aspettare. L'attesa favorisce gli incontri, i pettegolezzi, le maldicenze, il nostro *tonsor* è sempre al corrente di tutto quello che accade nella provincia ed i clienti, assicuro, apprezzano molto. Il cliente di turno si siede sullo sgabello, protetto da una piccola *mappa* o salvietta e da un camice (*involucrum*), Faventino affila il rasoio di ferro sulla *lamitana* (apposita pietra di origine spagnola), inumidendola con copiosa saliva, quindi con la massima cautela inizia a radere la barba, lavoro che è la sua specialità. Il cliente ne segue ti-

moroso le mosse, pronto a scappare, perché è facile che una ferita capiti; il barbiere spruzza molta acqua nel viso, fa mettere in bocca una pallina per stirare la guancia floscia e per sicurezza tiene sempre pronto un decotto di ragnatele immerse in olio e aceto per tamponare eventuali emorragie. A lavoro finito il cliente è invitato a guardarsi al grande specchio di bronzo appeso al muro. Faventino è anche un maestro nel taglio dei capelli: con le sue forbici di ferro fa dei veri capolavori; crea ardite inanellature dei capelli con il *calamistrum*, un ferro che provvede a scaldare sotto la cenere ardente e per concludere può anche creare dei finti nei con piccoli tondini di stoffa, gli *splenia lunata*, tanto alla moda. Per chi non lo sapesse è anche un esperto estetista: massaggia con unguenti le guance di chi vuole nascondere una macchia o vivacizzare il colorito del viso. I suoi prezzi, indicati in un'apposita tabella, sono proporzionali alla sua fama, al punto che non ci meraviglierà vederlo diventare tra non molto un rispettabile cavaliere o un ricco proprietario terriero...

60. Perché le case di Pompei hanno questi nomi?

Vi siete mai chiesti perché le case di Pompei abbiano gli strani nomi che hanno? In alcuni casi, grazie al rinvenimento di anelli-sigillo all'interno delle dimore, siamo in grado di identificare con certezza i proprietari delle antiche abitazioni, e quindi di sapere quale famiglia abitava in quella *domus*: i *Vettii*, i *Ceii*, Marco Lucrezio Frontone. La cosiddetta casa di Pansa, in via della Fortuna, di proprietà del ricco commerciante *Cn. Alleius Nigidius Maius*, era nel 79 d.C. parzialmente in affitto, come testimonia un annuncio dipinto fuori dell'edificio. Ma nella maggior parte dei casi i nomi delle abitazioni sono conven-

zionali, attribuiti arbitrariamente al momento della scoperta in seguito a diversi motivi. A volte è a causa di un particolare decorativo, come la Casa della Venere in Conchiglia, aperta su via dell'Abbondanza, denominata così per la megalografia della dea dipinta nel grande giardino. La Casa degli Amorini Dorati, che apparteneva alla *Gens Poppaea,* la famiglia della seconda moglie di Nerone, prende il nome dall'originale decorazione di un cubicolo. Incastonati nell'intonaco erano alcuni dischetti di vetro con una foglia d'oro sul retro, sulla quale erano incisi degli amorini. La famosa Casa del Fauno deve il nome alla statuetta in bronzo che ornava l'impluvio; la Casa della Fontana Grande, lungo la via di Mercurio, per la bella fontana di mosaici policromi e paste vitree che vi si ammira; la Casa del Poeta Tragico, deriva da un quadretto posto nel tablino che rappresenta una scena teatrale con attori e musici. A volte il nome di una dimora è il ricordo di una importante visita, o di un evento celebrativo. La casa del Principe di Napoli, abitata da una famiglia di ceto medio basso, è chiamata così perché fu scavata tra il 1896-98 alla presenza del principe, il futuro re d'italia Vittorio Emanuele III. La Casa delle Nozze d'argento, ubicata in un vicolo di via del Vesuvio, deve il nome alle nozze d'argento dei reali d'Italia Umberto e Margherita di Savoia celebrate nel 1893, anno del suo disseppellimento. La casa di Championnet commemora la breve parentesi della Repubblica partenopea a Napoli (1798-1814), quando il generale francese conquistò la città scacciando Ferdinando IV di Borbone e diede l'ordine di riprendere gli scavi nel quartiere meridionale di Pompei, dove venne scoperta la casa a lui intitolata.

61. Due storie dai graffiti: quella di Successus, Iride e Severo e quella di Novellia Primigenia

Storie raccontano i muri di questa città, come quella di Successus, Iride e Severo. Severo, mosso da gelosia

contro il rivale in amore e forse ebbro per qualche bicchiere di troppo, ha inciso nel muro di una *caupona* presso la *Regio* VIII queste parole: "*il tessitore Successo ama l'ancella della caupona chiamata Iride, la quale non lo cura, ma quello insiste ed ella lo commisera*". Sulla stessa parete *Successus*, offeso per l'infamia e colmo d'ira, risponde: "*invidioso, ma io ti picchierò duramente. Non stuzzicare chi è più bello di te e che è uomo violento e gagliardo*". Ma Successo, assiduo frequentatore del locale, per nulla spaventato e incurante della minaccia replica coraggiosamente: "*Lo dissi, lo scrissi: tu ami Iride la quale non ti cura. Severo a Successo: la cosa sta come scrissi*". Non sappiamo come si sia conclusa la lite, un finale, un pò romanzato, potrebbe essere che Successo, pubblicamente umiliato dalla donna e dal rivale, si fosse trasferito in un'altra zona della città. Troviamo infatti un certo Successus, tessitore, tra i nomi riportati in un lungo graffito proveniente dalla *textrina* (tessitoria) più importante di Pompei (ve ne sono circa 20 nella città!) e appartenente a Marco Terenzio Eudosso che abitava sulla via di Nola.

C.I.L. IV 8356
NVCERIA QVAERES AD PORTA ROMANA
IN VICO VENERIO NOVELLIAM
PRIMIGENIAM

Ancora un'altra storia. Novellia Primigenia non è una pompeiana. Ce lo ricorda un graffito dalla Casa del Menandro: «*A Nocera, presso Porta Romana, nel quartiere di Venere, chiedi di Novellia Primigenia*». Di primo acchito potremmo pensare al riferimento ad una delle tante fanciulle ben disposte che le iscrizioni pompeiane ci tramandano, ma non è così. Della bella nocerina, dotata di fascino e sensualità, si parla anche in un altro graffito, di ben altro tono. Un distico di una nicchia tombale presso Porta Nocera così la dipinge: "*Salve, Primigenia Nocerina. Per non più di un'ora vorrei essere la pietra preziosa (dell'anello) mentre lo inumidisci con la bocca per imprimere il sigillo*". L'augurio delicato che il fascinato amante si fa è quello di trasformarsi nella gemma del sigillo di Primigenia, in modo da toccare le labbra di lei per imprimervi baci altrimenti impossibili...

62. Pompei alla moda

L'attenzione che Pompei ha dedicato alla moda e in particolare al settore dell'abbigliamento ed ai suoi accessori

non è molto dissimile da quanto avviene ai nostri giorni! Il più antico, e forse in origine unico capo d'abbigliamento, era il *Subligar*, una semplice fascia di lino che veniva annodata in vita e che serviva a coprire il basso ventre. Le donne usavano anche una fascia che serviva a sostenere il seno, detto mammillare. Al di sopra si usava una tunica, che costituiva la veste base, usata sia dagli uomini, sia dalle donne in tutte le occasioni della vita pubblica e privata. La tunica era di lana o di lino, a seconda delle stagioni, formata da un unico rettangolo aperto sul fianco, trattenuto sulle spalle da fibule e stretto in vita da una cintura. Le donne usavano 2 cinture, una sotto il seno e un'altra sui fianchi. La tunica femminile poteva avere le maniche lunghe ed arrivare fino ai talloni, mentre quella degli uomini era a maniche corte e si fermava al polpaccio. L'ornamento più comune della tunica era il *clavus*, una fascia purpurea che scendeva dalle spalle fino all'orlo inferiore e che costituiva un segno di privilegio. E per le occasioni speciali? Una tunica particolare era quel-

la nuziale: bianca, lunga, stretta in vita da una cintura allacciata da un doppio nodo che solo lo sposo poteva sciogliere, dando inizio alla vita coniugale. Sul capo la sposa metteva un velo rosso su cui era poggiata una corona di mirto. Sopra la tunica gli uomini indossavano la toga, l'abito per eccellenza, costituita da una pesante stoffa di lana molto ampia, fermata sulle spalle da fibule, che veniva drappeggiata intorno al corpo. La *toga candida*, tessuta con lana appositamente candeggiata, veniva usata da coloro che aspiravano alle cariche pubbliche, da cui il termine attuale "candidato". La *toga praetexta* veniva indossata, oltre che dai fanciulli fino ai 17 anni, anche dagli altri magistrati, da alcuni sacerdoti, dai consoli e dagli edili. Sulla toga, le donne indossavano la *stola* veste di stoffa piuttosto pesante, ricca di pieghe e decorata da una balza con ricami. Quando le matrone si mostravano in pubblico dovevano coprirsi il capo con un lembo della stola, che divenne il simbolo della virtù e del pudore femminile.

63. Arria Marcella, eroina romantica

La storia di Arria Marcella, oggi molto lontana dal gusto della nostra epoca, fece versare molte lacrime in

piena epoca romantica. Ha inizio nel 1771 con lo scavo di una grande villa suburbana appena fuori Porta Ercolano attribuita impropriamente ad Arrio Diomede. Nel grande criptoportico furono rinvenuti 18 scheletri, fra cui quello di una giovane donna. Un bracciale d'oro, anelli e orecchini la identificavano come una ragazza libera e ricca, la figlia del proprietario, cui fu assegnato il nome di Arria Marcella. Del personaggio realissimo, che di falso aveva soltanto il nome, balzò agli occhi degli scavatori un toccante particolare: la cenere rappresa sul seno della fanciulla ne aveva modellato la forma! La preziosa impronta venne esposta al Museo di Portici, dove, verso la metà dell''800, la vide Théophile Gautier. Il pezzo di cenere in cui si era stampato il seno della ragazza accese la fantasia dello scrittore che nel 1852 pubblicò sull'argomento una celebre novella. Oggi avvertiamo il sapore âgé degli espedienti romantici: 3 amici francesi in viaggio a Napoli visitano il Museo di Antichità dove è esposto il seno pietrificato di Arria Marcella e la Villa di Diomede a Pompei. La storia della sfortunata fanciulla pompeiana turba talmente il giovane Octavien che di notte torna fra le rovine deserte della città. Pompei rivive quella notte nella forma precedente alla catastrofe e lo stesso Olconio Rufo, ultimo duoviro della città, accompagna il giovane a teatro. Tra il pubblico egli scorge Arria Marcella, aristocratica romana, con la quale passa ore di infinita felicità. Purtroppo il sogno d'amore è interrotto dal padre della ragazza e l'incantesimo ha breve durata: la fanciulla ritorna un pezzo di cenere e poche ossa, superstiti di un mondo passato. Voglio chiudere la storia, con le parole pronunciate da Arria, che, a dispetto della storia, non sembrano essere ancora passate di moda: "*si è veramente morti, quando non si è più amati...*"

64. Le fortificazioni di Pompei

Lo sapevate che è possibile fare una bella passeggiata lungo le mura della città antica? E'un itinerario

particolarmente suggestivo tra archeologia, natura e scorci panoramici che si sviluppa per circa 5 Km, da Piazza Anfiteatro fino a Villa dei Misteri. E dal racconto delle mura è possibile comprendere i sei secoli di storia di Pompei prima della distruzione finale! Una cinta muraria, di modeste dimensioni, in blocchi di lava tenera, delimitava già l'area di circa 66 ettari nella prima metà del VI secolo a.C.. Agli inizi del V, con un'evoluta tecnica di ispirazione greca e utilizzando grandi lastre di pietra calcarea, i Pompeiani edificarono una nuova fortificazione a "doppia cortina", con due mura parallele e un riempimento interno di terra e pietrame, che aderivano al contorno della terrazza lavica su cui sorge la città. Sul finire del IV secolo a.C., le guerre con i popoli confinanti e il diffondersi delle macchine belliche, avevano reso necessario rinforzare il paramento, adottando una fortificazione di tipo italico "ad aggere", con un terrapieno cioè di rinforzo sul lato interno. Verso la fine del III secolo a.C., per fronteggiare il pericolo dell'esercito cartaginese di Annibale, la cinta ven-

ne ulteriormente innalzata e irrobustita. L'ultima modifica apportata fu l'inserimento di 12 torri di guardia nei settori più sguarniti, come quello settentrionale e meridionale, che ne aumentarono il potere difensivo, armate come erano con un gran numero di artiglierie! Il pericolo questa volta veniva da Roma, contro cui Pompei si era sollevata, partecipando alla rivolta degli italici. Le mura pompeiane ebbero il battesimo del fuoco nell'89 a.C., quando Silla, al comando delle legioni, pose l'assedio. E ancora oggi, nel paramento tra Porta Ercolano e Porta Vesuvio, si possono contare centinaia di crateri, di fori e di cuspidi, lasciati dagli impatti dei colpi delle baliste, delle catapulte e delle fionde. Nella Pompei divenuta colonia romana, le mura persero progressivamente importanza e funzione, e in epoca imperiale alcuni tratti vennero incorporati nelle costruzioni private.

65. I *pistrina* di Pompei

Un gran numero di impianti con forni e botteghe (*pistrina*) si incontrano a Pompei, a testimonianza che

l'industria del panettiere doveva essere molto lucrosa... Sappiamo anche che un ex fornaio come Paquio Proculo, a infornare e apporre il proprio sigillo su ogni pane, aveva fatto soldi a palate tanto da essere nominato duoviro della città!! Soprattutto dopo il terremoto molte case mal ridotte sono state trasformate in impianti produttivi usando l'atrio come stalla, adattando il triclinio a locale per impastare e costruendo nei giardini macine, vasche di lavaggio e il possente forno per cuocere. Nel *pistrinum* il processo comprendeva infatti anche la macinazione del grano: dopo essere stato messo a molo nella vasca e lasciato asciugare, il frumento è versato nelle macine in pietra lavica, composte da una parte inferiore conica (chiamata *meta*) e da una superiore (*catillus*) vuota e biconica. In cima a quest'ultima è posizionato l'asse di rotazione che, costretto da un'armatura di assi e azionato da due timoni sporgenti, frantumava il grano versato lentamente da sopra. La farina veniva raccolta intorno alla pietra circolare alla base, su un'apposita lamina in piombo con i bordi rialzati. Le mole (da 2 a 4) erano posizionate in ambienti pavimentati da basoli e azionate a mano da schiavi o con l'aiuto

di muli. La farina setacciata era poi impastata aggiungendo acqua, lievito e sale e trasformata dalle mani di abili garzoni nelle caratteristiche pagnotte. Quella più comune è il tipo a spicchi, il cosiddetto *moretum*, ben 80 pagnotte entrano in un forno!! Il forno dove i pani cuociono, crescendo e indorandosi, è costruito in opera cementizia, dotato di una calotta conica e munito di una camera da fumo quadrata con uno sfiatatoio in alto che consente, con la sua buona circolazione dell'aria, una corretta combustione. Cuocere pane di buona qualità e sapere quando è il momento di riaprire il forno, smuovere, togliere è una vera arte, che si raggiunge solo con l'esperienza degli anni!!

66. Asellina

Asellina è un'abile imprenditrice pompeiana che gestisce un termopolio in uno dei punti più frequentati

di Via dell'Abbondanza. Al momento dello scavo si rinvenne il bollitoio in bronzo ermeticamente chiuso e contenente acqua; uno degli orci murati nel bancone che servivano a tenere in caldo bevande e cibarie conteneva l'incasso della giornata: 683 sesterzi, poco più del prezzo di un mulo che costava 520 sesterzi. Le numerose iscrizioni elettorali dipinte sulla parete esterna della bottega, firmate da donne di origine orientale (Smirina, Egle, Maria dette "le aselline"), attestano che la frequentazione del locale non era motivata unicamente dal ristoro delle vivande... La vicenda di Asellina ispirò un celebre racconto di Guido Milanesi del 1914, il quale immaginò che un ufficiale della Marina Inglese giunto a Pompei avrebbe assistito allo scavo del termopolio a cura dall'allora direttore degli scavi Matteo Della Corte che illustrò fasti e nefasti della cortigiana e delle sue aiutanti. All'insaputa dell'accompagnatore l'ufficiale allungò la mano in un cesto dove erano raccolte le ossa umane rinvenute nel termopolio e si impossessò di un frammento di ulna. Da quel momento l'uomo, che aveva frugato nella tragedia dell'etera, divenne vittima di Asellina. A lui la donna, apparendo in sogno in diverse circostanze, raccontò la sua vicenda: commediante prima, commerciante di bevande e amore poi, si innamorò di bruciante passione di un tale Cresto. Ma il duoviro Lucio Samellio, folle di gelosia, irrup-

pe nel nido degli amanti e sgozzò il rivale. Asellina aveva allora 23 anni: quando l'uomo a cui aveva convertito tutti i suoi affetti le era stato tolto, si trasformò in "*un'anfora di vizio in cui tutte le labbra si dissetarono mentre il suo spirito rimaneva insensibile e freddo come la terra di cui l'anfora è fatta*". E la porta della sua bottega divenne aperta a tutti, a Mescinio Gelone, a Optato Rapiano, ai magistrati e militari della città e non solo.....l'ufficiale riuscirà a liberarsi della persecuzione di Asellina solo dopo avere rispedito l'osso trafugato al della corte accompagnato da un assegno di 1000 sesterzi...

67. Le fontane d'acqua

Oggi, come 2000 anni fa, è possibile dissetarsi e trovare refrigerio dal caldo opprimente grazie alle circa 40 fontane pubbliche sparse nei diversi quartieri della città e rese nuovamente funzionanti. Le fontane sono quelle antiche, alimentate da un capillare sistema di approvvigionamento idrico. L'acqua proveniente dal collettore dell'acquedotto (il *Castellum Aquae*) raggiunge gli alti pilastri in muratura (*castella*) posizionati ai quadrivi, arriva alla sommità scorrendo entro una fistula e quindi, tramite diramazioni plumbee minori, giunge alle fontane pubbliche. I bacini quadrangolari delle fontane sono formati da grandi lastroni di pietra basaltica e sui bordi arrotondati si notano ancora le tracce lasciate dalla corrosione prodotta dalle numerose anfore degli antichi avventori... L'acqua sgorga da un pilastrino ornato da bassorilievi, tutti diversi tra loro!!! In genere sono divinità, ma si trovano anche effigi di animali o strumenti usati nelle cerimonie sacre. All'incrocio di Via del Vesuvio e Via della Fortuna la raffigurazione scolpita sul pilastrino è quella di un sileno che si riposa appoggiandosi ad un otre. La fontana più famosa è quella di Mercurio, che ha dato per estensione il nome al cardine di Via di Mercurio, il cui pilastrino è appunto decorato con la testa del dio con la sua insegna, il caduceo, una piccola verga con 2 serpenti avvolti specularmente e 2 ali. La fontana in un vicoletto della Regio VII a ridosso di Via Marina è uno dei rari esempi con vasca costituita da lastre marmoree e reca sul pilastrino l'immagine di un gallo, da cui la strada ha preso il nome di Vicolo del Gallo!

68. Giulia Felice

Vicino alla palestra è l'Insula di Giulia Felice, la cui grande casa fu depredata da scavatori intenti alla conquista di tesori d'arte nel 1755 e riscavata quasi 200 anni dopo da Amedeo Maiuri. Che la proprietà appartenesse a questa donna si legge sulla parete esterna dell'edificio. "*Nel predio di Giulia Felice, figlia di Spurio, si fittano un bagno degno di Venere e adatto a persone di riguardo, botteghe, ammezzati e cenacoli dalle prossime idi di agosto (il tredicesimo giorno del mese) fino a quando ricorrerà la stessa data per la sesta volta e cioè per cinque anni consecutivi*". Questa astuta signora aveva pensato di ricavare una rendita da tanti ambienti superflui alle sue esigenze, soprattutto dopo che il rovinoso terremoto del 63 d.C. aveva colpito così duramente la città mettendo fuori uso in particolare modo le tanto amate terme. Giulia Felice pensando agli affari si era affrettata ad attrezzare nella sua grande casa degli splendidi bagni termali per un pubblico scelto, aveva fatto costruire un porticato riccamente decorato e un pergolato, taberne e quartierini per coloro ai quali era stato possibile, dopo quello sconquasso, rifarsi una fortuna ... Molti personaggi hanno lasciato il loro ricordo graffito in quella grande dimora. Parecchi di essi facevano parte del sodalizio dei giovani pompeiani che lì aveva il loro Gymnasium con tutte le attrezzature necessarie ai palestristi. Alcuni erano liberi di buona famiglia, altri di umili condizioni erano addetti al servizio, di un certo Abito sappiamo che partecipò ad un ludo a Nocera il 21 aprile di un anno che non si può stabilire. Anche coppie di amanti si intrattennero nell'albergo, tra cui *Scutularius* (il fabbricante di scodelle) con una certa Africana... Non mancarono fannulloni, come ci riferisce un anonimo censore che scrisse: "*Facesti l'oste, il venditore di cretaglie, il salsamentario, il panettiere, l'agricoltore, il venditore di bronzi, il rigattiere, ora sei tornato a fare il vasaio. Se ti metterai a leccare le donne, avrai consumato tutte le possibilità di impiego.*"

69. Sgorbi, figure e caricature

Liberamente tratta da un brano scritto nel 1955 da Amedeo Maiuri, in "*Pompei ed Ercolano tra case ed abitanti*".

L'umanità di Pompei riecheggia ancora con le sue innumerevoli voci ad ogni angolo della città dissepolta, con la sua folla anonima di schiavi, liberti, mercanti, artigiani e anche con lo stuolo rumoroso dei ragazzi scorrazzanti per le vie o intenti ad imbrattare muri al chiuso delle case. Un vero e proprio campo di esercitazione disegnativa la offre la Casa del Criptoportico (I 6, 12), lussuosa dimora munita di una grande galleria sotterranea che un tempo allineava alla discreta luce filtrante dall'alto dei lucernai, una teoria di grandi erme dipinte e una serie di quadretti come una grande Iliade illustrata dalla fantasia di un pittore... Nelle splendide pareti di quei corridoi, forse in una giornata molto piovosa, trovarono rifugio i figli del liberto che, muniti di un chiodo appuntito diedero libera espressione alle loro esercitazioni grafiche. Al più piccolo della brigata che doveva avere circa 7 anni si deve, a giudicare dall'altezza del graffito, il disegno di una piccola barca a vela come un palloncino gonfiato e vicino 2 quadrupedi che nell'intenzione dovevano essere cavalli, ma che sembrano due grosse pecore. Il resto della parete fino all'altezza di mano è tutto costellato di animali: tori, cer-

C.I.L. IV 9226

vi, cinghiali e bufali selvaggi, ricordo delle *venationes* che avevano luogo nell'Anfiteatro pompeiano e che tanto piacevano ai ragazzini... E affidata al gran libro aperto della strada è anche la caricatura umoristica dei padroni graffita sulle mura di edifici, spia della furbesca malizia di servi e liberti in uno "sfottò" che nulla ha inventato. Nell'ingresso della Casa di Marco Lucrezio Frontone (V, 4), nello specchio lucido dell'intonaco sono graffiti i "ritratti" irriverenti dei padroni, un volto arcigno di donna, tutta bazza e naso corto da cane ringhioso e un volto virile con un'enorme mento e un naso lungo a punteruolo. Così anche sulla parete rosso cupo dell'atrio della Villa dei Misteri, una mano sicura ha eseguito un eloquente ritratto del *dominus*, con testa calva laureata, volto grasso, naso grosso e rubicondo...

70. Medici a Pompei

Il povero Rufo ha un forte mal di denti, soffre molto ma preferisce non farsi curare perché non ha nessuna fiducia nei medici. A quale medico in particolare si sarà riferito Rufo con i suoi pesanti apprezzamenti scritti sulle mura della città? Noi conosciamo solo il nome del medico Piero Celado di cui in verità si dice sempre bene e di Magonio, ma ce ne dovevano essere molti altri a Pompei. Di uno di costoro era la Casa del Chirurgo (VI 1, 19) così chiamata per il ritrovamento di una serie di strumenti chirurgici, una delle più preziose testimonianze della medicina antica, strumenti di ogni tipo, ben forgiati in bronzo, ferro e perfino acciaio! Scalpelli, bisturi, forcipe, aghi d'argento e di osso, clisteri, uncini aguzzi con manico lungo, aste di metallo utilizzabili come sonde, graffe, pinze di varia forma, cauteri, leve, seghe... Le scritte pervenute sul risultato dell'opera medica non sono sempre confortanti, alcune malattie erano curate con un certo criterio logico: digiuno, salassi, diete, clisteri. Se si aveva il mal di stomaco, con una penna d'oca si provocava il vomito. Si curavano le emorroidi facendo passare il paziente sopra un braciere che conteneva gusci di tartaruga immersi nell'olio di cedro. Se il rimedio non era efficace, le vene erano tagliate e suturate. Si accomodavano ossa rotte e fratturate con molta maestria. Si toglievano cataratte e si azzardavano operazioni interne complesse, il più delle volte i pazienti morivano e i medici erano costretti a scappare via dalla città per salvarsi dall'ira dei parenti. Naturalmente si estraevano i denti, ma la mancanza di igiene provocava spesso terribili infezioni. Un tizio dopo un'estrazione dentale, ci è stato lasciato scritto, non morì, ma rimase cieco. Il povero Rufo non aveva tutti i torti a ben vedere: considerati certi risultati la sua paura era ben giustificata!!!

71. Il calzolaio M. Nonio Campano

Soldato dell'ottava coorte pretoriana, M. Nonio Campano è un veterano, giunto come tanti dopo l'80 a.C.

nella nuova colonia romana di Pompei chiamata "*Cornelia Veneria Pompeianorum*" in onore di Silla, il vincitore che aveva piegato la ribellione della città, appartenente alla *gens* Cornelia e della dea Venere, patrona a tutti gli effetti di Pompei sin da tempo immemore... Con il gruzzolo guadagnato ha affittato una piccola bottega posta all'incrocio tra via degli Augustali e via del Lupanare, in comunicazione con l'atrio della grande casa del suo commilitone, il centurione M. Cesio Blando che ostenta le sue insegne militari sul mosaico del tablino. Forse per arrotondare un pò, Nonio Campano che passa le sue giornate in bottega, fa anche da portiere (*ostiarius*) a Blando. La zona popolare è intensamente abitata, frequentata e trafficata a tutte le ore, ottima posizione per la bottega di un calzolaio! *Sutor*, lo definisce l'iscrizione sul grande tavolo in marmo che troneggia al centro del locale, su cui M. Nonio Campano ha disposto i propri arnesi da lavoro: 2 coltelli lunati, 9 scalpelli con manico in ferro, 2 uncini per stendere la pelle, una tenaglia, 3 aghi in bronzo, 2 vasetti di lucido nero e una forbice curva. Con questi attrezzi il calzolaio ripara tutte le calzature dei Pompeiani, le *solae*, sandali legati al collo del piede da cordoncini di cuoio, le *crepidae* scarpette di cuoio tenute da un laccio passato negli occhielli, i *calcei*, dai lacci incrociati e fibbie d'avorio, le *caligae* stivaletti chiusi dalla suola molto spessa oppure i bei sandali bianchi che indossano solo le nobildonne!! Nonio è abituato anche a fare lavori al volo, a volte un carrettiere si ferma bloccando il traffico e gli porge un sandalo da aggiustare di tutta fretta: pochi colpi assestati abilmente sul chiodino e il sandalo è come nuovo!!

72. Nella Casa di Quinto Poppeo

Liberamente tratto da un brano scritto nel 1955 da Amedeo Maiuri, in "*Pompei ed Ercolano tra case ed abitanti*"

Si era al colmo dell'estate quel maledetto 24 agosto del 79 d.C., una di quelle giornate calde in cui, esattamente come oggi, le strade e i tetti di Pompei sono arroventati dal sole; l'acqua del serbatoio di Porta Vesuvio arrivava a stento nei quartieri meridionali, le vecchie tubature danneggiate dal sisma non erano ancora state rimpiazzate. I signori erano andati in villa sulle colline di Stabia o sulla costa sorrentina, lasciando le grandi dimore urbane al *procurator*, il liberto a capo della famiglia dei servi. Così aveva fatto anche il nobile Quinto Poppeo, proprietario della grandiosa "casa del Menandro" cresciuta e ampliata a spese delle case vicine, munita di un quartiere padronale e uno servile, di una stanza adibita a biblioteca, di un lussuoso quartiere termale... La casa era stata danneggiata dal sisma e si stavano giusto affrescan-

do le pareti dell'atrio con episodi della guerra di Troia, così adatti al gusto del raffinato proprietario... E in quel trambusto di servi e operai Quinto Poppeo aveva pensato di fare nascondere dal procuratore che amministrava la casa in sua assenza la preziosa suppellettile delle argenterie da tavola in una cassa chiusa in un angusto scantinato, sprangandone bene le porta. 115 piatti, lavorati in finissimo argento (24 Kg di peso), un cofanetto con gioielli in oro massiccio e monete per un valore di 1423 sesterzi!! Ma la bufera infernale si abbatté sulla casa, ceneri e lapilli piovvero da un cielo sconosciuto fattosi all'improvviso di fuoco e di pietra.

Dei 12 operai intenti al restauro della casa sono stati trovati i corpi vicino all'entrata in un disperato tentativo di scappare. Tra la fuga di persone che abbandonavano la dimora il procuratore, fedele al suo padrone, era rimasto al suo posto, nel cubicolo dove sorvegliava il via vai dei servi, dove annotava le derrate e le anfore che entravano nella vasta abitazione, dove organizzava il lavoro dei contadini, dei vinai, degli stallieri, dei panettieri , dei cuochi... E fu così che gli scavatori in un mattino di dicembre del 1930 ne rinvennero lo scheletro riverso sul letto finemente lavorato, accanto al sigillo in bronzo con il suo nome di servo affrancato, Quinto Eros Poppeo.

73. Di amore, di morte e altre sciocchezze

Un'eco di poetici sentimenti emana dalla Casa degli Amanti (I 10, 11) in Via dell'Abbondanza, che si

dice appartanesse a Claudio Eulogo. Una mano ispirata scrisse un finissimo verso in uno dei quadretti del portico: "*gli amanti, come le api, conducono una vita dolce come il miele*", con tutta la dolcezza e la tenerezza di un amore in grado di fare sognare anche i più scettici... Ma una parola scritta sotto ne rompe quasi l'incantesimo: "*Vellem*!", ovvero "*magari così fosse*". La Casa del Sacerdos Amandus (I 7, 7) non ci colpisce tanto per le ricche decorazioni, quanto per la commuovente storia delle 9 persone che tra adulti e bambini componevano la numerosa famiglia (tanti in una piccola abitazione!) E che sono stati trovati tutti insieme abbracciati vicino alla porta. Sulle pareti di una stanza restano ancora i disegni incisi con un chiodo da una mano infantile, forse una delle bimbette trovate, una palma da datteri e il nome *Amandus*, il nome dell'amato padre che non riuscì a salvare la piccola dalla morte... Cornelio Tagete va ricordato per lo strano uso che ha fatto di una statua preziosa, un efebo in bronzo che ha dato il nome alla sua casa (I 7, 10) , un capolavoro ispirato a un originale greco della metà del V secolo a.C. Era un oggetto di grande pregio e doveva essere costato anche un sacco di soldi!! Ma se a Tagete non mancavano certo i mezzi (lo dimostra anche la fastosa casa), mancava certamente il gusto: trasformò il prezioso oggetto in un portalampade da appendere sopra la mensa conviviale del suo giardino, cosa da fare rabbrividire gli intenditore di arte!! L'Efebo fu ritrovato nei panni di lino in cui il proprietario lo aveva avvolto per cercare di difenderlo da quella notte senza futuro...

74. Epidio Sabino *iuris doctor*

Il primo segno che si è davanti ad una casa di eccezionale distinzione è l'alto podio da cui si accede (circa 1,50 m)

al portone principale. Anche l'atrio con ben 16 colonne che svettano alte verso il cielo è uno dei più grandiosi di tutta Pompei. In questa casa presso la Regio IX abita Epidio Sabino, universalmente apprezzato in città come *iuris doctor*, esperto di pareri legali. L'influenza di Sabino è evidente anche dal numero di iscrizioni elettorali che coprono la facciata della sua casa e di quella di molti vicini, un vero e proprio inno entusiastico che lo acclama, pur essendo ancora giovane, duoviro di Pompei! Nella sontuosa dimora è posto un elegante larario a forma di tempietto dedicato, come riportato dall'iscrizione incisa sul marmo, oltre che ai Lari domestici, al genio del padre di Sabino, tale Marco Epidio Rufo, da parte di 2 liberti della famiglia. I due schiavi cui l'amato patrono aveva concesso la libertà esprimono tutta la loro riconoscenza e affetto dedicando il larario al genio del capofamiglia! Usanza tutta romana è riservare un tributo al *Genius*, spesso simboleggiato da un serpente che si dirige verso l'altare dove restano un uovo e qualche frutto, offerte votive dipinte sotto l'immagine dei lari domestici, i 2 giovani in atto di libare.

Ma torniamo al nostro Epidio Sabino. Sulla facciata dell'isolato difronte si legge. "*Vi chiedo di leggere M. E. Sabino. E' degno e, per decisione del santo giudice Suedio Clemente, è stato definito difensore della repubblica, con il consenso del consiglio dei decurioni. E affinché lo eleggiate perché degno di amministrare gli affari pubblici per i suoi meriti e la sua onestà, lo scriptor Sabino, anch'egli convinto, scrive.*" Un vero e proprio inno di ammirazione per questo cittadino, non solo il consiglio dei decurioni, la più alta espressione di volontà popolare ha fatto sentire la propria voce, ma anche lo stesso prefetto Suedio Clemente rappresentante del potere dell'imperatore!!!

75. La domus di *Casca Longus*

Questa storia inizia a Roma, *caput mundi* allora più di ora. Il protagonista è Publio Servilio Casca (*Longus*), nientepocodimenochè uno degli assassini di Gaio Giulio Cesare, ucciso il 15 marzo del 44 a.C., anzi, stando alle cronache nere del tempo, proprio colui che sferrò il primo colpo, attaccando Cesare da dietro e colpendolo sul collo. A questo punto vi siete già chiesti cosa c'entri Casca Longus con Pompei, la risposta sta nel fatto che al civico 11 della Regio I, Insula 6 si apre una dimora che porta questo nome. Nessuno ha mai pensato che il nobile Casca Longus abbia abitato in una piccola città di provincia come Pompei, ora vi racconto come è andata. Nel caos all'indomani della morte di Cesare *Casca Longus* Fu repentinamente nominato tribuno della plebe, ma nel rapido volgere della scena politica da "salvatore

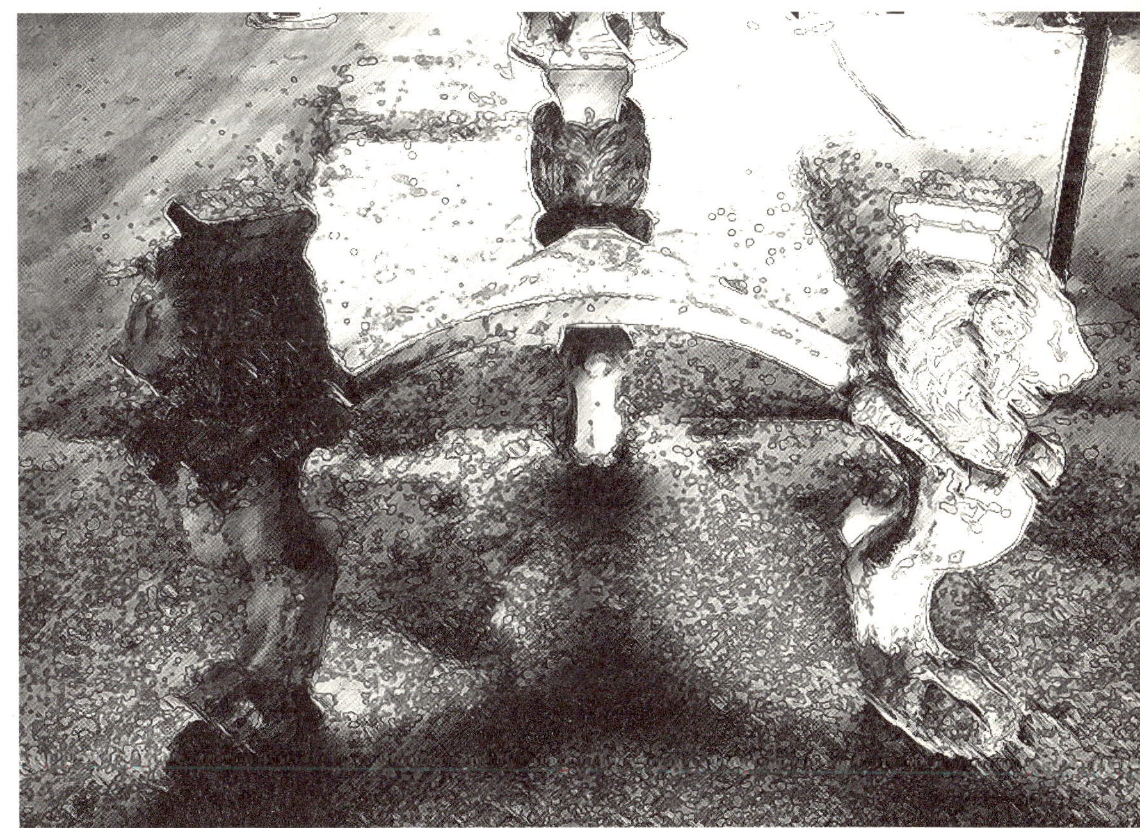

della repubblica" divenne, insieme agli altri congiurati, un nemico pubblico. Bersaglio della persecuzione organizzata da Ottaviano (il futuro Augusto) contro tutti gli autori del cesaricidio, venne proscritto, privato della carica e costretto a fuggire in oriente, dove morì suicida nel 42 a.C. in seguito alla sconfitta nella battaglia di Filippi in Macedonia. Le sue proprietà e i suoi beni vennero confiscati e assegnati a vendite pubbliche. Tra questi doveva esservi un tavolo circolare in marmo decorato da tre zampe a forma di testa di leone recanti sulla sommità il suo nome "*P. Casca Long*(us)". Il tavolo, attraverso successivi passaggi di proprietà, giunse decenni dopo tra gli arredi del ricco proprietario di questa abitazione di Pompei, e destinato alla mensa che solitamente decorava un lato dell'impluvio. ..Che il proprietario fosse attento collezionista di oggetti di pregio lo dimostra anche il resto della suppellettile trovata in casa, tra cui una statuetta di Apollo con cerbiatto dall'aspetto arcaizzante, lontana eco del tipo creato dall'artista greco Canachos nella seconda metà del IV secolo a.C. per il famoso santuario di Didime in Asia Minore. Per non parlare degli affreschi dell'atrio della dimora, decorati da quadretti con soggetti ispirati alle opere di Euripide e di Menandro...

76. Nella Casa dei Vetti...

I fratelli Vetti, Restituto e Conviva ex liberti arricchiti sono i proprietari di questa dimora. Dopo il terremoto erano stati tra i pochi a poter restaurare completamente l'edificio, assoldando i migliori artisti della città per affrescarne le pareti. Accanto alla porta di ingresso, avevano fatto dipingere Priapo, una divinità campestre, che poggia il membro gigantesco, simbolo portafortuna senza tempo, sul piatto di una bilancia, cui fa da contrappeso una borsa piena di soldi, frutto della sua benevolenza. Nell'atrio schiacciate e deformate dal fuoco restano le due arche, casseforti di ricchezze che purtroppo non conosciamo, ma che a Pompei troviamo solo nelle case dei ricchi. Il clou della casa è il giardino, ricco di fiori e piante e restaurato in ogni parte, forse il più bello di Pompei: ovunque sculture in marmo e bronzo, tavoli artisticamente lavorati, fontane e vasche con preziose statuette. In una sala che si apre su questa meraviglia sono affrescati i celebri amorini intenti a svolgere i mestieri e le attività praticate a Pompei. L'immagine più curata è la scena della vendemmia: la raccolta, la spremitura, i tini pieni, la mescita del vino e il trionfo di Bacco e Arianna. Chissà che le ricchezze dei due Vetti non fossero dovute proprio alla produzione di vino: nella loro fornita cella vinaria sono state trovate alcune anfore contenenti un vino evidentemente pregiato, come dimostrano le iscrizioni dipinte sul recipiente con l'indicazione della qualità, delle origini e della data di lavorazione... Un vero doc tanto per intenderci... Nella casa si trova anche un larario ben conservato, il Genio familiare tra i due lari danzanti ha le sembianze dell'imperatore Nerone in toga... Chissà, forse un modo per sentirsi alla pari rispetto agli aristocratici parenti di Poppea della Casa del Menandro...

77. Epidio Imeneo
Il Moralista

Epidio Imeneo, proprietario della casa III 4, 2-3 è passato alla storia come "il moralista". La sua casa si trova

tra Via dell'Abbondanza e Via di Nocera, lui è un piccolo commerciante, produttore di vino e di vasi di terracotta. Aveva fatto costruire una piccola ma graziosa stanza, un triclino adatto al convivio per ospiti e amici, in cui sono ancora ben conservati i 3 letti e la mensa al centro. Sul fondo nero delle 3 pareti c'è un'inconsueta decorazione: sopra ad alcuni uccelli beccanti sono dipinti in bianco e scritti in forma poetica i 3 precetti che il padrone desiderava si osservassero nella sua abitazione e che gli hanno valso la nomea di cui ancora gode. Il primo di carattere pratico : "*l'acqua lavi i piedi e dopo che si sono bagnati uno schiavo li asciughi: una tovaglia copra il letto, bada di non sporcare i nostri lini*". Poi un altro di ordine etico "*allontana lo sguardo lascivo e gli occhi languidi dalla moglie altrui; la tua bocca conservi il pudore*". Infine un invito alle buone maniere "*astieniti dall'ira e dalle contumelie, se puoi; altrimenti vattene a casa tua*". Un brav'uomo questo Moralista, serio e riservato, molto attento alle regole del saper vivere, ma anche un pò superstizioso!! Sulla facciata della sua casa aveva fatto mettere un grande gallo di coccio che al posto della testa e della coda esibiva due enormi falli! A Pompei tutti sapevano che questo segno della fertilità e dell'amore era il più efficace talismano contro la cattiva sorte!

78. Pia, pudica, frugale, casta...

"*Pia, pudica, frugale, casta, casalinga, rimase a casa, filò la lana*". Così era scritto sulla tomba di moglie e madre

ideale. A Pompei conosciamo nomi, volti, vicende di tante donne che vissero prodigandosi con amore per lo sposo, i figli, la casa, in una vera e propria galleria di ritratti. Rustica, brontolona moglie di Cecilio Giocondo: aveva un forte carattere ma anche le qualità necessarie per amministrare saggiamente il patrimonio familiare. Altrimenti, come avrebbe fatto il marito ad accumulare una ricchezza tale da poter acquistare una grande proprietà, una villa rustica nel suburbio di Pompei presso l'attuale Boscoreale? Cassia, moglie di Saturnino che abitava nella Casa del Fauno (VI 12, 25) quel tragico giorno del 79 d.C. aveva preparato un pranzo particolare, ma i 2 polli in cucina non ebbero il tempo di cuocersi, lei fu trovata nell'atrio della casa, mentre tentava una fuga disperata. Blesia prima, moglie di Postumio Modesto: aveva amato il lusso e le comodità. Il suo peristilio nella casa di Via dell'Abbondanza (VII 4, 4) era allietato da vasche e fontane, al suo collo è stata trovata una bella collana d'oro con amuleti e pendagli. Quartilla, moglie dell'architetto Appio Gratio, era modesta e soddisfatta delle sue semplici spille in bronzo, anche se nella sua bella casa (IX 6, 5) aveva un mosaico firmato dal famoso *musivarius* Felice. Equizia, moglie del falegname Volusio Juvenco (I 10, 7): per il figlioletto aveva fatto costruire dal marito un giocattolo, un carrettino di legno a 4 ruote. Claudia, moglie di Trebio Valente (III 2, 1) era vissuta circondata dall'agiatezza del ricco marito, per questo la povera schiava Tirsa aveva scritto su una parete della casa: " *O Valente, se io fossi la tua signora*!" Melissa, Moglie di Casellio Marcello (IX 2, 26): il marito aveva vinto le elezioni come edile e per festeggiare l'evento le aveva regalato una collana d'oro, lunga 2 metri e 55 centimetri, un gioiello che poche donne a Pompei si potevano permettere!!!

79. "*Quota hora est?*" Che ora è?

Eumachia, Cecilio Giocondo, Trebio Valente, Giuila Felice, il duoviro Olconio Rufo, tutti per conoscere

l'ora a Pompei alzavano gli occhi al cielo e osservavano la posizione del sole... Nel Foro un banditore legge a voce alta le ore su un orologio solare che si trova nel tempio di Apollo, vicino alla gradinata dell'altare: era sostenuto da una colonna in marmo ed era stato collocato dai duoviri L. Sepurnio e M. Erennio. Nella basilica, durante i processi per misurare lo scorrere del tempo si usava la clessidra: i discorsi dei giudici e degli avvocati non dovevano durare più di 20 minuti l'uno!!!! Il giorno era suddiviso in 24 ore, 12 diurne e 12 notturne. Essendo diverso, rispetto alle stagioni, il corso del tempo che va dall'alba al tramonto e dal tramonto all'alba, le ore di inverno erano di 45 minuti il giorno, di un'ora e un quarto la notte; d'estate viceversa. In realtà poi il giorno e la notte erano divisi in 4 parti di 3 ore ciascuna, le *Vigiliae*, sulla base delle quali erano poi regolati i movimenti della giornata. Dunque orologio solare, clessidra, ore più lunghe e ore più brevi, *Vigiliae* diurne e *Vigliliae* notturne e nessuno mai probabilmente conosceva l'ora esatta!!! Ma a cosa poteva servire? Al foro il banditore annunciava a gran voce quando sarebbero cominciati i processi, quando avrebbe avuto luogo l'assemblea popolare, quando avrebbero parlato gli oratori dalle tribune durante la campagna elettorale o quando si sarebbe cominciato a votare. Altri banditori vagavano per le strade della città e davano precise notizie comunicando il momento di inizio degli spettacoli e i giorni di mercato. Le campane trovate in molte case servivano a svegliare gli abitanti all'alba, quando i servi cominciavano la pulizia delle stanze. Anche il proprietario si alzava presto, una fila di clienti lo aspettava sull'uscio di casa con le sporte che venivano riempite, secondo le possibilità, da un servo incaricato. Il padrone, dopo avere controllato la contabilità e i commerci, correva al foro: le strade si affollavano, le botteghe si aprivano, i mercanti andavano e venivano. Dopo lo spuntino di mezzogiorno, la lunga sosta alle terme e la *Coena* alle prime ore del tramonto, la sera si andava a letto presto. Le strade erano talmente buie che chi rientrava tardi dai banchetti si faceva accompagnare da schiavi con fiaccole. Era stata una giornata felice? Il pompeiano medio non se lo domandava, probabilmente, accettando della vita il bene e il male, come aveva scritto uno sconosciuto sulla parete della casa: "*niente può durare in eterno*."

Finito di stampare nel mese di marzo 2016
Per «L'ERMA» di BRETSCHNEIDER
tipografia CSC Grafica s.r.l. via A. Meucci, 28
00012 - Guidonia - Roma